Wenn Rechte reden

Wenn Rechte reden

Die Bibliothek des Konservatismus
als (extrem) rechter Thinktank

von Lilian Hümmler

Mit einem Vorwort von Eike Sanders

Die Deutsche Bibliothek verzeichnet diese Publikation
in der Deutschen Nationalbibliografie.
Detaillierte bibliografische Daten sind im Internet abrufbar unter
http://dnb.d-nb.de

Besuchen Sie uns im Internet:
www.marta-press.de

1. Auflage Januar 2021

Lektorat: Michelle Jantke.
© Umschlagumsetzung: Andreas Imhof, Hamburg,
© Umschlagidee: Hannah und Lea – gegenfeuer.
Printed in Germany.
ISBN 978-3-944442-71-6

Inhaltsverzeichnis

Vorwort von Eike Sanders

Es gibt nicht viele Wissenschaftler*innen, die sich die Mühe machen, extrem rechte Veranstaltungen zu besuchen. Es sind auch nur wenige, die aufgezeichnete Veranstaltungen auf YouTube in ihrer vollen Länge und Langatmigkeit ansehen, sie analysieren, das Gesagte durchdenken und durchschauen. Zeitintensive Recherche vor Ort und stundenlanges Primärmaterial zu sichten und auszuwerten, sind oft die Hintergrundarbeit journalistischer oder aktivistischer Veröffentlichungen. Wer sich schon mal auf Veranstaltungen und Aufmärschen der (extremen) Rechten befunden hat und von Anfang bis Ende dort war, wer die Reden gehört und die Reaktionen des Publikums gespürt hat, hat intensiv rhetorische und performative Dynamiken miterlebt – anders als es Literaturrecherche kann, selbst wenn sie mit Primärmaterial arbeitet.

Einer meiner ersten eigenen journalistischer Recherche-Einsätze war bei einer geschlossenen Saalveranstaltung der extremen Rechten in Berlin, bei der *Nationaldemokratischen Partei Deutschland* (NPD) in Berlin-Neukölln. Von der situationsbedingten Angst abgesehen, war es erkenntnisreicher als es das Lesen eines NPD-Textes jemals hätte sein können. Wie Inhalte über Rhetorik verstärkt werden. Wie in den Reden Worte, Betonungen, Tonlagen und Kunstpausen zusammenspielen. Die Inszenierung des Raumes und des Ablaufes. Die Rollen, die die vielen Akteure ausfüllen, um Stimmung, interne Hierarchien und Verbundenheit nach Innen und Abgrenzung nach Außen zu schaffen. Das aufgekratzte Publikum, die sogenannten „Flurgespräche“, die zeigen, wer mit wem zu tun hat.

Ich erinnere mich auch an riesige, unübersichtliche Neonazi-Aufmärsche oder an stundenlanges Rumstehen neben dreißig Zuhörer*innen und fünf Journalist*innen, während ein Redner nach dem anderen krudeste Verschwörungsideologien und esoterisches Geraune zum Besten gibt. Fast niemand hört zu, aber alle klatschen und johlen danach begeistert.

Inhalt (eine menschenverachtende Weltanschauung) und Form (die rhetorische Strategie) machen in ihrem Zusammenspiel eine ganz besondere Spezifik (extrem) rechter Diskursstrategien aus, das stellt auch diese Arbeit eindrücklich fest. Sie haben zum Ziel, gesellschaftlichen Einfluss zu erlangen, Menschen für ihre Politik zu gewinnen, sie Teil des eigenen Projektes werden zu lassen. Das Publikum reagiert auf bestimmte Parolen und Schlagworte, man kann die Stimmungen und Dynamiken wahrnehmen, die Redner*innen erzeugen, man spürt, was Aufhetzen bedeutet.

Eine kritische Wissensproduktion über die (extreme) Rechte, die mit der Dokumentation von Veranstaltungen beginnt, ist mehr, als dass nur das gesprochene Wort aufgenommen und durch Transkribieren archivierbar und verwertbar gemacht wird. Es mag ein schwerer greifbares Wissen um das Forschungsobjekt sein, dem akademisches Methodenwerkzeug nur ansatzweise gerecht werden kann. Diese Wissensproduktion ist selbstverständlich auch nicht neutral. Wissenschaft, die die (extreme) Rechte zum Gegenstand hat, kann und soll aber auch nicht neutral sein. Die Herkunft, die Positionierung und der Blickwinkel der Rechercheurin, des Aktivisten, der Wissenschaftlerin, des Journalisten beeinflussen, was wahrgenommen wird, was als wichtig erachtet wird, was aufgeschrieben, ausgewertet und wie eingeordnet wird. Und auch, wie wir darauf reagieren.

Ein geschlechtersensibler Blick auf die (extreme) Rechte ist zum großen Teil feministisch und antifaschistisch positionierten Aktivist*innen, Recherchierenden und Wissenschaftler*innen zu verdanken. Er ist nicht vom Himmel gefallen, sondern das Resultat feministischer Kämpfe, die die Geschlechterungleichheit und die Zurichtungen, die Gender-Konstruktionen auf das Subjekt haben, immer wieder benannt, erforscht und damit erst problematisierbar gemacht haben. Heute gilt, zumindest in der Theorie: Gender muss zentrale Analysekategorie auch und gerade von männlich dominierten Organisationen, Orten und Diskursen sein. In der Praxis sieht es weiterhin oftmals anders aus.

Ein geschlechtersensibler Blick zeigt: Die *Bibliothek des Konservatismus* (BdK) in Berlin ist so ein männlich geprägter und dominierter Ort. Wer überhaupt jemals von der BdK gehört hat, denkt vielleicht an verstaubte Regale mit verstaubten Büchern verstorbener Autoren: Carl Schmitt, Ernst Jünger, Arthur Moeller van den Bruck, Oswald Spengler. Die BdK möchte eine zentrale „Denkfabrik“ für die sogenannte Neue Rechte sein. Ihre heutigen Protagonist*innen tragen auch überwiegend männliche Namen: Karlheinz Weißmann, Dieter Stein oder Götz Kubitschek. Vielleicht noch Ellen Kositza. Die konservativen Denker aus der Zeit der Weimarer Republik bilden eine Grundlage für diese heutige antidemokratische Denkschule mit ihrem antimodernen Staats- und Nationenverständnis.

All diese Inhalte lassen sich in Büchern und Zeitschriften nachlesen, kritische Wissenschaftler*innen haben sie analysiert. Journalist*innen und Aktivist*innen recherchieren die aktuellen Protagonist*innen. Doch wo und wie die Inhalte Verbreitung finden und wie sie ihre Wirkmächtigkeit entfalten, ist wenig untersucht. Die BdK als ein zentraler Ort der Vernetzung von Konservativen und (extremen) Rechten ist unterbelichtet. Mein Kollege Ulli Jentsch stellte in einem Interview mit der taz 2015 fest: „Eine politische Auseinandersetzung über die Inhalte dessen, was [auf Veranstaltungen in der BdK] verbreitet wird, gibt es eigentlich nur in antifaschistischen Fachpublikationen. Wir und andere schreiben regelmäßig darüber und beobachten das Geschehen. Ansonsten gibt es keine breitere Auseinandersetzung.“ Das hat sich bis heute kaum geändert. Vielleicht glauben Viele, dass die Inhalte zu veraltet sind und in den Büchern ruhen. Doch die BdK ist ein Ort der Wissensproduktion und -weitergabe für die (extreme) Rechte, das zeigt auch die vorliegende Analyse von Lilian Hümmler. Die regelmäßigen Veranstaltungen der BdK bringen die Autor*innen, Referent*innen und Diskutant*innen zusammen, helfen ihnen, ihre Ideologien zu aktualisieren, gemeinsam Diskurse zu entwickeln und wirksam zu machen. Sie festigen und inspirieren auch die stummen Zuhörer*innen, sie stärken das Spektrum der Neuen Rechten nach Innen und dienen der Abgrenzung nach Außen: Gegen den verachteten liberalen, angeblich marxistisch und feministisch durchtränkten Mainstream in Wissenschaft und Gesellschaft.

Diese Arbeit, die im Anhang 180 Veranstaltungen der *Bibliothek des Konservatismus* listet, von denen die Autorin 26 ausgewertet hat, ist mehr als eine Inhaltsanalyse. Sie ist auch eine Positionierung gegen den Versuch (extrem) rechter Einflussnahme durch die *Bi-*

bliothek des Konservatismus. Der feministische Blick der Autorin beschert uns beispielsweise nicht nur das fragwürdige Vergnügen, unterbelichtete Protagonistinnen der Neuen Rechten kennenzulernen, sondern auch in den diskursiven Strategien der Neuen Rechten die antifeministische Grundhaltung und damit in seiner Konsequenz patriarchale Macht- und Herrschaftsstrategien zu erkennen. In diesem Buch werden die antifeministischen, rassistischen, antisemitischen, antiliberalen und antidemokratischen Ideologieelemente, wie sie die BdK in Geschriebenem und Gesagtem präsentiert, nicht nur in den altbekannten Narrativen gefunden. Sie werden mit den Diskursstrategien – seien es die kalkulierte Ambivalenz, das Freund-Feind-Denken, das altbekannte „Ja, aber" oder Verschwörungsmythen – enggeführt. So ist diese Arbeit nicht nur eine wissenschaftliche sondern auch eine, die der Leserin ein Gefühl von dem politischen Gegner vermitteln kann, ohne diesen lächerlich zu machen o-der zu dämonisieren und ohne ihn zu überhöhen. Nur so ist eine wirksame rationale, doch engagierte Auseinandersetzung mit der Neuen Rechten möglich.

1. Worüber ich rede – Die Einleitung

»Die Strategien zu kennen,
nimmt einen in die Verantwortung
und zerschlägt die (schöne) Hoffnung,
dass die aktuellen Entwicklungen
zufällige Ereignisse oder Ausrutscher
in einer ansonsten liberalen Fortschrittsgeschichte sind.«
Schutzbach 2018: 28

Am Beginn meiner Arbeit[1] zu diesem Buch steht die Verurteilung Beate Zschäpes und weiterer Mitglieder der rechten Terrorgruppe *Nationalsozialistischer Untergrund*[2] (NSU) im Juli 2018. Einer der bedeutsamsten Gerichtsprozesse deutscher Gegenwart geht zu Ende und lässt viele Fragen zu Rechtsterrorismus in Deutschland und staatlichem Versagen offen. Rechts motivierte Angriffe folgen: An Yom Kippur 5780 (9. Oktober 2019) findet der Anschlag auf eine Synagoge, einen Imbissladen, ein Wohnhaus und den öffentlichen Raum insgesamt in Halle und Umgebung statt, bei dem Jana Lange und Kevin Schwarze ermordet und zahlreiche Menschen psychisch wie physisch verletzt werden. Mal wieder wird von Politiker:innen die These (männlicher) Einzeltäter bemüht, mal wieder erscheint sie

---

[1] Texte sind immer aus bestimmten Blickwinkeln geschrieben und durch Erfahrungen geprägt, die Autor:innen mitbringen. Diese Perspektiven hängen – nicht nur und zwangsläufig, aber eben auch – mit globalen Macht- und Herrschaftsverhältnissen zusammen. Die aufkommende Frage nach objektiver Wissenschaft werde ich im Verlauf des Buches immer mal wieder, insbesondere aber im Kapitel 3.2.1, aufgreifen.

[2] Eigennamen oder Hervorhebungen kennzeichne ich durch eine kursive Schreibweise.

angesichts zahlreicher Betroffener (extrem) rechter[3] Gewalt und umfangreicher Recherchearbeiten beleidigend und zynisch.[4]

(Extrem) rechte Ideologie bricht sich auch in den Wahlen Bahn: In Sachsen erzielt die *Alternative für Deutschland* (AfD) im September 2019 27,5 Prozent der Stimmen. Auch in Brandenburg und Ende Oktober 2019 in Thüringen knackt die AfD die 20-Prozent-Marke und wird zweitstärkste Kraft in allen drei Landesparlamenten.

Unterstützt von AfD-Politiker:innen[5] wird Berlin im September 2019, wie inzwischen jedes Jahr, Treffpunkt für die sich selbst so

---

[3] Mein Verständnis zentraler Begriffe dieses Buches, wie hier *(extrem) rechts*, und allgemeine Überlegungen zu Sprache lege ich im Unterkapitel der Einleitung *Zentrale Begriffe und Konzepte* dar.

[4] Kurz nach Fertigstellung des Manuskripts wurden zehn Menschen am 19. Februar 2020 in Hanau ermordet und viele weitere Personen auf verschiedene Arten verletzt. Neben Rassismus, Verschwörungsdenken und Antisemitismus ist mit Blick auf den vom Täter veröffentlichten Text auch Antifeminismus als Tatmotiv zu erkennen.

[5] Ich gendere im Folgenden mit :, um auch typografisch Raum für eine geschlechtliche Verortung außerhalb von Zweigeschlechtlichkeit (Mann und Frau) zu eröffnen. Im Gegensatz zum * liest automatische Spracherkennungssoftware beim Doppelpunkt eine Pause, wie dies beim gesprochenen Wort gewünscht ist. Auch wenn (extrem) rechte Ideologie unter anderem auf Zweigeschlechtlichkeit basiert und kein Jenseits dieser Binarität gedacht wird, habe ich mich für diese Schreibweise auch bei (extrem) rechten Akteur:innen entschieden. Dies hat vor allem zwei Gründe: Zum einen lassen sich der (extremen) Rechten auch Menschen zuordnen, die sich außerhalb von Zweigeschlechtlichkeit verorten, wie Judith Goetz (2019) in aller Widersprüchlichkeit und Komplexität für den österreichischen Kontext beschreibt. Somit möchte ich Menschen aller Geschlechter innerhalb der (extremen) Rechten benennen, und nicht einige von meiner Kritik an menschenverachtenden Einstellungen befreien. Zum anderen variiert bei den einzelnen, von mir untersuchten Personen und Strömungen der Stellenwert von und Standpunkt zu Zweigeschlechtlichkeit. Eine klare Grenzziehung, die sich typografisch niederschlagen könnte, erscheint mir aufgrund der Breite des Materials unmöglich. Die Vorstellung von Zweigeschlechtlichkeit ist ein Kernelement (extrem) rechter Weltanschauung, durchzieht als solches das gesamte Buch und wird in seiner menschenverachtenden Ausformung vor allem im Hauptteil dieser Arbeit (Kapitel 3) deutlich.

bezeichnende „Lebensschutz"-Bewegung. Nach einem Vortragsabend in der *Bibliothek des Konservatismus*, die der Untersuchungsgegenstand dieses Buches ist, demonstrieren sie, wenn auch durch Blockaden stark verzögert, als Schweigemarsch durch Berlin-Mitte. Ihre Trauer gilt den Zellen und Embryos, die durch (gewollte) Schwangerschaftsabbrüche abgetrieben wurden. Somit stellen sie das Existenzrecht eines sich entwickelnden Embryos über die Entscheidung der schwangeren Person, deren Körper zum Mittelpunkt bevölkerungspolitischer Auseinandersetzungen wird.

Konträr zu diesen Schlaglichtern liegt die nationale Erzählung, nach der Deutschland den Faschismus überwunden habe, nach der „die aktuellen Entwicklungen zufällige Ereignisse oder Ausrutscher in einer ansonsten liberalen Fortschrittsgeschichte sind" (Schutzbach 2018: 28). Genannte Ereignisse weisen außerdem auf die vielfältigen (extrem) rechten Praktiken hin sowie auf den Umgang der deutschen Öffentlichkeit mit diesen. Dieses Verhältnis steht auch im Zentrum dieses Buches. Dabei konzentriere ich mich auf die Gestaltung und Beeinflussung gesamtgesellschaftlicher Diskussionen durch (extrem) rechte Akteur:innen.

Konkret fokussiere ich mich auf die diskursiven[6] Raumnahmen einer Institution: der *Bibliothek des Konservatismus* (BdK) in Berlin-Charlottenburg. Nach meinen Untersuchungen gibt es bislang keine umfangreiche Analyse dieses Ortes. Nicht vernachlässigen

---

Wissenschaftlichen Standards entsprechend belasse ich direkte Zitate hingegen in ihrer, meist nicht mit : gegenderten Form.

[6] Auf den Begriff *Diskurs* gehe ich im Unterkapitel *Zentrale Begriffe und Konzepte* näher ein. An dieser Stelle meint *diskursiv* die (sprachlichen) Räume, die im gesellschaftlichen Denk- und Auseinandersetzungsprozess eingenommen werden.

möchte ich an dieser Stelle verschiedene Zeitungsartikel, schriftliche Anfragen und andere Recherchen von Aktivist:innen (unter anderem Trouble Everyday Collective 2015 und 2017; SJD-Falken, Domann und Thom 2017; Horn 2018). Diese aktivistische Arbeit bleibt häufig unsichtbar – gerade in der Wissenschaft. Ich sehe dieses Buch als wissenschaftliche Ergänzung und Erweiterung dieser bereits erfolgten Arbeit zur BdK. Als (extrem) rechter Thinktank ist die *Bibliothek des Konservatismus* eingebunden in (extrem) rechte Strukturen. Anders aber als ihre große Schwester[7] – das *Institut für Staatspolitik* (IfS) in Schnellroda (Sachsen-Anhalt) – scheint die BdK noch nicht im Zentrum kritischer Analysen zu stehen. In einschlägigen Büchern wird sie, wenn überhaupt, nur am Rande erwähnt. Ich möchte diese Randnotiz in den Fokus rücken und die *Bibliothek des Konservatismus* auf drei Ebenen untersuchen: Akteur:innen, Inhalte und Diskurse. Ich führe also aus, welche Personen und Strömungen in der BdK zusammenkommen, welche Inhalte dabei relevant sind und wie versucht wird Diskurse zu verschieben. Die Veranstaltungen in der Bibliothek bilden dabei den Kern meiner Analyse.

Mit der Verschiebung von Diskursen knüpfe ich an eine Diskussion um Sagbarkeitsgrenzen an. Die Bezeichnung nährt die Vorstellung, dass Menschen nicht alles sagen *dürften*, wogegen sich (extrem) rechte Akteur:innen gerne mit einem „Das wird man doch wohl noch sagen dürfen!" zur Wehr setzen. Mir geht es hier aber nicht um Verbote, sondern um die Beobachtung, dass manche Aussagen salonfähiger geworden sind und weiterhin werden, konkreter: dass es

[7] Auf das „Verwandtschaftsverhältnis" zwischen IfS und BdK komme ich in Kapitel 2 ausführlicher zu sprechen.

scheinbar in Ordnung ist, menschenverachtende Ansichten in die Welt hinauszuposaunen. Gerade die Erkenntnisse rund um den NSU haben sowohl gezeigt, wie rechtsterroristische Gruppen über Jahre hinweg und im Wissen staatlicher Behörden handeln, ja morden konnten, als auch wie es zu einer Entsolidarisierung innerhalb der deutschen Gesellschaft kam. Trotzdem wurde so manch menschenverachtende Einstellung eher hinter vorgehaltener Hand geäußert, sich eher gedacht oder nur unter Vertrauten ausgesprochen. Außerdem interessiere ich mich, und auch das steckt im Wort Sagbarkeitsgrenzen, für die Verbindung von Gesellschaft und Sprache, von Soziologie und Linguistik. Ich suche nach Antworten auf folgende Fragen: Auf welche Art und Weise können diese Grenzen verschoben werden? Also wie kommt es dazu, dass Menschen vor laufenden Fernsehkameras (extrem) rechte Aussagen laut aussprechen, die sie vorher nur in trauter Runde geteilt haben? Mit welchen Strategien und Praktiken wird von (extrem) rechter Seite in den öffentlichen Diskurs hineingewirkt? Konkreter: Welches Handwerkszeug ist hilfreich, um gesamtgesellschaftliche Debatten in eine (extrem) rechte Richtung zu rücken? Und welche Rolle spielen dabei Geschlechter- und andere Machtverhältnisse, die, wie ich noch ausführen werde, häufig unbeachtet bleiben? Aus diesen Überlegungen wird deutlich, dass es mir nicht um einen Vergleich – „der" Diskurs früher und heute – geht. Mich interessiert eher das *Wie*: Wie werden gesamtgesellschaftliche Debatten beeinflusst? Im Selbstverständnis einer kritischen Wissenschaft wird somit über Informationen und Interpretationen die Grundlage für eine bessere Einordnung und politisches Handeln gelegt. Mit den obigen Worten der Schweizer Geschlechterforscherin Franziska Schutzbach (2018: 28) nimmt dieses Buch die Leser:innen in die Verantwortung. Dabei möchte ich mir jedoch nicht anmaßen darüber zu urteilen, ob diese bislang an eine

„liberale[n] Fortschrittsgeschichte“ (ebd.) glaubten, genauer: der Hoffnung nachhingen, NSU, christliche Fundamentalist:innen, AfD und Konsorten seien nur ein Einzelfall, nur ein Ausrutscher. Schließlich ist die Kritik an der Einzelfall-Rhetorik schon älter, schließlich lassen sich schon länger Menschen davon nicht überzeugen.

Wenn Rechte reden ist eine Analyse von Diskursstrategien am Beispiel der *Bibliothek des Konservatismus. Wenn Rechte reden* ist aber keine Einladung zu einem Dialog. Mir geht es nicht darum, Leser:innen zu schulen, sodass Gespräche mit der (extremen) Rechten künftig auf irgendeine Art „besser“ laufen. Argumentationstrainings für den (extrem) rechten Alltag bieten Trainer:innen der politischen Bildungsarbeit an. Auf medialer Ebene hingegen brauchen menschenverachtende Aussagen kein weiteres Podium. Insbesondere aus unkritischen Foren sind diese Stimmen konsequent zu isolieren statt ihnen eine weitere Plattform zu bieten. Vielmehr braucht es meiner Meinung nach Aufmerksamkeit für all diejenigen, die tagtäglich von unterschiedlichen Formen (extrem) rechter Gewalt betroffen sind. Von der Sichtbarmachung dieser (sprachlichen) Gewalt und den Strategien gesellschaftliche Vormachtstellung zu erlangen handelt dieses Buch.

Der seit einigen Jahren beklagte Rechtsruck führt zu vielen neuen Forschungsarbeiten, was zu begrüßen ist. Die Blicke richten sich auf die Parlamente, auf AfD-Kandidat:innen, ihre (extrem) rechten Vorgeschichten, ihre Bankkonten. Oder auf den Kampf auf der Straße: Was motiviert sogenannte *Patriotische Europäer gegen die Islamisierung des Abendlandes* (PEGIDA)? Sollten „wir“ – wer auch immer das sein soll – Verständnis für „sie“ aufbringen? Dabei wird schnell das Bild eines weißen, männlichen und wenig gebildeten Arbeiters oder Arbeitslosen aus Ostdeutschland gemalt. Dieses Bild findet seine Entsprechung in der empirischen Realität, ist aber mit Blick auf meine Untersuchung bei Weitem nicht ausreichend. Viel zu häufig bildet es eine verkürzte Projektionsfläche, die einer fundierten Sicht auf die (extreme) Rechte im Wege steht. Denn deutlich weniger beachtet von der Öffentlichkeit handeln diejenigen, die den „ideologischen Brennstoff" bereitstellen: Sich als intellektuell verstehende (extreme) Rechte betreiben Zeitungen, Verlage, Thinktanks. Weiter tauchen in diesem verkürzten Bild Frauen und alle anderen Geschlechter, wenn überhaupt, nur am Rande auf. Auch auf der inhaltlichen Ebene ist die Auseinandersetzung mit Antifeminismus[8], der vor allem auf Geschlecht und Sexualität abzielt, häufig oberflächlich. Positiv hervorzuheben sind an dieser Stelle jüngste Erscheinungen, wie unter anderem von den Gruppen und Kollektiven AK Fe.In (2019), FIPU (2019) sowie von Einzelpersonen, etwa Rebekka Blum (2019) und Christopher Fritzsche (2019). Schließlich ist, wie ich in Anlehnung an genannte Autor:innen zeigen werde, Geschlecht ein zentraler Dreh- und Angelpunkt (extrem) rechten Denkens, der in Verbindung mit anderen Macht- und Herrschaftsverhältnissen erst der Komplexität gerecht wird. An dieser Stelle setzt dieses Buch an und zeigt aus einer geschlechter- und machtkritischen Perspektive auf, wie diskursive Interventionen von den Akteur:innen in der *Bibliothek des Konservatismus* ausgehen.

---

[8] Eine umfangreiche Begriffsdefinition folgt im nächsten Absatz.

Zentrale Begriffe und Konzepte

In diesem Buch arbeite ich mit verschiedenen Begriffen, deren Erklärungen allein schon ganze Bücher füllen könnten. Für ein besseres Verständnis werde ich sie in diesem Unterkapitel kurz definieren.

Ein Problem, mit dem sich alle Analysen zur (extremen) Rechten auseinandersetzen müssen, ist die Wiederholung von (extrem) rechter Sprache und (extrem) rechten Denken. Auch dieses Buch ist voll davon, will ich doch kenntlich machen, worauf sich meine Interpretationen stützen. Mittels typografischer Hervorhebungen („...“) und distanzierender Formulierungen (angeblich, vermeintlich, sogenannt, ...) weise ich auf diese Schwierigkeit hin. Auflösen kann ich sie dadurch nicht. Dennoch habe ich mich für eine solche Reproduktion entschieden, da mir dies der einzige Weg erscheint, eine fundierte, nachvollziehbare und kritische Analyse zu schreiben, die dann in einem nächsten Schritt Optionen der Gegenwehr eröffnen kann.

Dieses Buch reiht sich in eine kritische Forschungslandschaft zu Rechtsextremismus ein. Unter *Rechtsextremismus* verstehe ich in Anlehnung an Richard Stöss (2010: 22) ein Weltbild, das vor allem auf Nationalismus, Rassismus, Antisemitismus, Antifeminismus und der Verherrlichung oder zumindest der Verharmlosung des Nationalsozialismus beruht. Rechtsextremismus dient mir demnach als Sammelbegriff, der sowohl offen gewaltbereite Neonazis, als auch sich bürgerlich und intellektuell gebende Autor:innen umfasst, die etwa in Büchern menschenverachtende Auffassungen verbreiten (Lehnert und Radvan 2016: 11). Genannte Macht- und Herrschaftsverhältnisse lassen sich allerdings nicht allein auf einen extrem rechten Rand beschränken, sondern weisen immer auch Verbindungen zur vermeintlich demokratischen Mitte auf. Daran anschließend verwende ich in diesem Buch die Formulierung *(extrem) rechts*. Ich unterscheide also bewusst nicht zwischen rechtskonservativ, neurechts, extrem rechts oder ähnlichen Klassifizierungen. Das erscheint auf den ersten Blick verwirrend – ist nicht die Wissenschaft gerade dafür da, Ordnung in eine komplexe Welt zu bringen? Dienen nicht klar definierte und präzise Begriffe dem besseren Verständnis einer Gruppierung? Allerdings, und somit ist auch die begriffliche Entscheidung ein Ergebnis meiner Untersuchung, kommen in der *Bibliothek des Konservatismus* unterschiedliche Strömungen von Konservatismus bis Rechtsextremismus zusammen. Eine Grenzziehung ist nicht nur unmöglich – sie macht auch diese gezielte Verwischung und Bildung von (extrem) rechten Bündnissen unsichtbar, worauf ebenfalls der Politikwissenschaftler Samuel Salzborn (2017: 42) hinweist. Aus diesem Grund habe ich mich für die Schreibweise *(extrem) rechts* entschieden, die durch die Klammer gerade die Beweglichkeit vieler Akteur:innen zwischen rechts, also im pluralistischen Denken mit demokratischen Vorstellungen mehr oder minder vereinbar, und extrem rechts, also antidemokratisch und antiliberal, kennzeichnet.

Diese Studie dreht sich vor allem um die Ungleichheitsverhältnisse Antifeminismus, (antimuslimischer) Rassismus und Antisemitismus. *Antifeminismus* lässt sich zunächst nicht ohne Feminismus erklären, meint der Begriff doch die Abwehr feministischer Anliegen. Trotz zahlreicher und zum Teil gegensätzlicher Feminism*en* ist der gemeinsame Nenner die Abschaffung von Ungerechtigkeiten aufgrund von Geschlecht und Sexualität. Ich verstehe Feminismus weiter als umfassende herrschaftskritische Bewegung und Haltung, das heißt, dass Geschlecht und Sexualität nicht losgelöst von anderen Macht- und Herrschaftsverhältnissen gedacht werden können. So liegen Überschneidungen mit Ungleichheitsstrukturen beispielsweise aufgrund rassifizierender Zuschreibungen (Rassismus), vermeintlicher oder tatsächlicher jüdischer Zugehörigkeit (Antisemitismus), Klassenzugehörigkeit (Klassismus), gesellschaftlicher Behinderung (Ableismus) vor. In Anlehnung an die feministische Sozial- und Geschichtswissenschaftlerin Rebekka Blum (2019: 114f) unterscheide ich zwischen Antifeminismus und Sexismus, auch wenn sich beide um das gleiche (Geschlechter-)Verhältnis drehen. Antifeministische Positionen gehen von einer biologistischen Vorstellung von Zweigeschlechtlichkeit aus, nach der es von Natur aus nur zwei gegensätzliche Geschlechter (Männer und Frauen) gebe. Argumentativ-intellektuelle Versuche mit dieser starren Zweigeschlechtlichkeit zu brechen oder konkrete Lebensrealitäten, die sich beispielsweise als non-binär, also nicht in der zweigeteilten Logik von Mann und Frau verorten, werden vehement zurückgewiesen, pathologisiert und/oder unsichtbar gemacht. Ähnlich starr ist antifeministisches Denken über sexuelles Begehren: Heterosexualität gilt als erstrebenswerte Norm. In antifeministischen Weltbildern wird mitunter Homosexualität toleriert, bisweilen auch gegen Rassismus vereinnahmt. Rechtliche Zugeständnisse, etwa in Form einer Legalisierung der Ehe auch für gleichgeschlechtliche Paare und damit einhergehend unter anderem das Recht auf Adoption, liegen jedoch außerhalb dieser vermeintlichen Akzeptanz. Antifeministisches Denken beinhaltet also auch eine klare Vorstellung von Familie, die aus heterosexueller Ehe zwischen Mutter und Vater sowie eigenem/n Kind(ern) besteht. Hier lassen sich bevölkerungspolitische Positionen und Verbindungen zu anderen Macht- und Herrschaftsverhältnissen anschließen. Diese zeigen sich unter anderem in der Abwehr von Schwangerschaftsabbrüchen sowie (teilweise) von Verhütungsmitteln und werden meistens nur an weiße, gebildete und nicht als behindert verstandene Cis-Frauen[9] gerichtet. Schließlich positionieren sich Antifeminist:innen auch gegen im weitesten Sinne feministische sozial-politische Maßnahmen und Institutionalisierungen: Gender Mainstreaming und Quoten, die zum Beispiel die Repräsentation von Cis-Frauen in Aufsichtsräten erhöhen sollen; Geschlechterforschung als etablierter Studiengang und Wissenschaftsrichtung; sexuelle und geschlechtliche Vielfalt im Klassenzimmer, in dem eben nicht nur heterosexuelle und cis-normative Lebensrealitäten Raum bekommen. So facettenreich wie der thematische Fächer antifeministischer Positionen ist, so breit sind auch die Gruppierungen zu charakterisieren, die sich hierunter verorten lassen und von neoliberal über konservativ bis reaktionär, von christlich-fundamentalistisch bis völkisch-nationalistisch reichen.

Ein (extrem) rechtes Weltbild ist neben antifeministischen Vorstellungen, auch von *(antimuslimischem) Rassismus* und völkischem Nationalismus geprägt. Rassismus meint dabei die Vorstellung es gebe unterschiedliche „Menschenrassen" oder auch unveränderbare, regional unterschiedliche Kulturen, welche verschiedene Charaktereigenschaften aufweisen würden und in einer Hierarchie einzuordnen wären. Dabei bilden weiße Menschen die Spitze dieser Hierarchie, Schwarze[10] und indigene Menschen sowie People of

---

[9] *Cis* ist eine lateinische Vorsilbe, die „diesseits" bedeutet und als Unterscheidung zu *trans* („jenseits") dient. Cis-Frau meint dann, dass einer Person bei Geburt das Geschlecht weiblich zugewiesen wurde und sie sich damit auch identifiziert.

[10] Ich schreibe *Schwarz* groß, um sichtbar zu machen, dass es sich hier um eine von Schwarzen Aktivist:innen geforderte Selbstbezeichnung handelt. Die Bezeichnung *Schwarz* meint also nicht eine bestimmte „Menschenrasse", eine

Color[11] werden durch ein rassistisches System strukturell und dauerhaft benachteiligt. Rassistische Vorstellungen dienten in der Vergangenheit als Erklärung für ein menschenverachtendes, ja mörderisches Kolonialsystem und wirken heute etwa in ebenfalls mörderischen Grenz- und Visapolitiken, ausbeuterischen Wirtschafts- und Handelsbedingungen, und so weiter fort. Die Historikerin Yasemin Shooman (2016: 6) stellt für den deutschen Kontext in den letzten Jahren eine zunehmende „Islamisierung der Debatten um Migration und Integration sowie eine Ethnisierung religiöser Zugehörigkeit" fest, die dazu führt, dass ehemals als „Ausländer" bezeichnete Menschen nun zu „Muslimen" gemacht werden. Hierbei werden Vorstellungen einer angeblichen Kultur mit Religion und Rassifizierung gleichgesetzt und auf diese Weise spezifische antimuslimische Bilder und Erzählungen hergestellt, wie beispielsweise die Debatten um eine angeblich erhöhte Gewaltbereitschaft muslimischer Jugendlicher zeigen (Shooman 2014: 63). Aufgrund dieser Verknüpfung wähle ich häufig die Spezifizierung antimuslimisch. Eng verbunden mit Rassismus ist *völkischer Nationalismus*, der auf der Vorstellung basiert, es gebe einheitliche und in sich geschlossene Kollektive – die „Völker" – die sich aufgrund vermeintlich biologischer und/oder kultureller Kriterien unterschieden und in eine Rangfolge bringen ließen. Auf dieser homogenen Vorstellung eines „Volks" gründet sich im Denken des völkischen Nationalismus die Nation.

Hautfarbe, o.ä.. Es gibt keine „Menschenrassen", aber es gibt ein gewaltvolles System, das auf dieser Vorstellung beruht und Rassismus heißt.

[11] *Person of Color* oder *People of Color* (PoC) ist eine Selbstbezeichnung von Menschen, die rassistisch diskriminiert werden, sich aber nicht als Schwarz oder indigen verstehen. Auch im deutschen Sprachgebrauch wird die englische Bezeichnung verwendet.

Neben diesen beiden genannten Macht- und Herrschaftsverhältnissen sind auch andere Dominanzverhältnisse (etwa Antisemitismus) in der *Bibliothek des Konservatismus* bedeutsam. Darauf werde ich dann im Laufe dieses Buches anhand konkreter Beispiele näher eingehen.

Ich betrachte in diesem Buch *Diskurse* und verstehe darunter, im Gegensatz zum Alltagsgebrauch des Wortes, mehr als bloße Gespräche oder Diskussionen. Diskurse bilden vielmehr umfassende gesellschaftliche Fragen und große Erzählungen ab, haben demnach eine hohe gesellschaftspolitische Bedeutung. Sie sind also nicht frei von Macht – im Gegenteil: In Diskursen artikulieren sich gesellschaftliche Dominanzverhältnisse. Die wissenschaftliche Diskursforschung geht von einem konstruktivistischen Grundverständnis aus. Das bedeutet, dass Diskurse nicht Dinge, Wissen, Akteur:innen und Identitäten abbilden wie sie sind, sondern diese erst (sozial und sprachlich) herstellen, es also nichts vor dem Diskurs geben kann. Vereinfacht gesagt heißt das zum Beispiel, dass es ohne ein kollektives, gesellschaftliches Sprechen über die Andersartigkeit geflüchteter Menschen aus Syrien, diese Andersartigkeit nicht geben würde oder sie zumindest nicht so wirkmächtig wäre politische Entscheidungen und zwischenmenschliches Handeln zu bestimmen. Machtvolle Diskurse, in diesem Fall rassistische, bringen also Wissen hervor, wie hier die (vermeintliche) Andersartigkeit. Dieses von Machtverhältnissen durchtränkte Wissen hat dann wiederum Auswirkungen auf konkrete Menschen – ob auf syrische geflüchtete oder auf deutsche, nicht-geflüchtete Personen – auf politische Entscheidungen wie Grenzschließungen, Visavergaben, Abschiebungen, und so weiter. Gleichzeitig führen Diskurse kein Eigenleben oder werden von einer höheren Macht gesteuert, sondern werden von Menschen hergestellt, beeinflusst, verschoben. Die Rede von Diskursen meint also genau dieses Hin und Her, dieses machtvolle Wechselspiel zwischen einerseits Menschen, die Diskurse erschaffen, und andererseits Diskursen, die erst die Materie, also auch Menschen, deren Rechte und Möglichkeiten hervorbringen. Deswegen bilden Diskurse eben nicht „die“ Wahrheit ab, sondern sind durch gesellschaftliche Macht- und Herrschaftsverhältnisse geprägt und somit auch veränderbar. Genau an dieser Veränderbarkeit setzt die Idee der Verschiebung von Sagbarkeitsgrenzen an: Durch bestimmte Strategien und Praktiken, ich spreche auch von diskursiven Interventionen, weil es eben um eine Einmischung in die großen Erzählungen der Gesellschaft geht, wird es möglich und gesellschaftlich toleriert, dass beispielsweise menschenverachtende Aussagen getätigt werden können, ohne dass es einen Aufschrei in der Gesellschaft gibt.

Mit Blick auf (extrem) rechte Akteur:innen fällt auf, dass diese Beeinflussung von Diskursen und damit auch von gesellschaftlichen Wertevorstellungen gezielt angegangen wurde und wird. Ziel war und ist es hierbei, über (extrem) rechte Metapolitik – also Politik, die nicht unmittelbar Erfolge erzielt, sondern längerfristig angelegt und auf einer übergeordneten Ebene stattfindet – die politische und kulturelle Vormachtstellung zu erreichen. Der Politikwissenschaftler Samuel Salzborn (2017: 35ff) beschreibt ausführlich, wie dies Ende der 1990er und Anfang der 2000er Jahre vor allem durch die Schaffung von Zeitschriften und Zeitungen (wie beispielsweise *Criticón*, *wir selbst*, *Blaue Narzisse*) sowie den Aufbau von Institutionen (*Institut für Staatspolitik*, *Bibliothek des Konservatismus*) vorangetrieben wurde. Auf diese Weise sollte über verschiedene Wege langfristig in den öffentlichen Diskurs hineingewirkt werden. Außerdem bildeten (extrem) rechte Akteur:innen in Abgrenzung zu starren, parteipolitischen Gruppierungen vermehrt lose Netzwerke und knüpften neue, auch internationale Verbindungen, beispielsweise im Bereich „Lebensschutz". Insbesondere in den Jahren 2014/15 ergaben sich günstige Umstände für die (extreme) Rechte in Deutschland, die einer Reorganisation den Weg ebneten: Auf der Straße wuchsen die Demonstrationen der PEGIDA und ihrer Ableger in anderen Städten kontinuierlich an. In den Parlamenten konnten sich AfD-Politiker:innen als vermeintliche Wirtschaftsexpert:innen inszenieren und etablieren (ebd.: 54), da es zum einen an Konkurrenz im Parteienspektrum mangelte (unter anderem erneute Diskussionen um ein Verbot der NPD). Zum anderen nahm die Euro-Finanzkrise kein Ende und die zunehmende Kritik an Handlungen der EU, beispielsweise hinsichtlich der ökonomischen Unterstützungen in Form von „Rettungsschirmen" für Griechenland, verschaffte der AfD weiteren Zuwachs. Diese unterschiedlichen Erfolge und neuen Netzwerke haben bis heute Auswirkungen, was sich nicht nur an Wahlergebnissen, brennenden Geflüchtetenunterkünften und rechten Terroranschlägen zeigt – immer wieder wird die Verschiebung von Diskursen beklagt, die im Zentrum dieses Buches steht.

Zum Hintergrund und Aufbau dieses Buches

Dieses Buch basiert auf meiner Masterarbeit, die ich im August 2018 eingereicht habe und in die ich Daten bis einschließlich April 2018 einbezogen habe. Die danach stattfindenden Veranstaltungen habe ich in der Überblickstabelle ergänzt, Eingang in meine Analyse finden sie allerdings nicht mehr. Ich habe meine Abschlussarbeit grundlegend umgeschrieben und erweitert. Für ein besseres Verständnis habe ich außerdem viele theoretische Verweise und den gesamten Methodenteil gestrichen. Dennoch ist die vorliegende Analyse stark von einer akademischen Perspektive geprägt.

Datengrundlage meiner Forschung bilden in erster Linie die 24 bis April 2018 verfügbaren Videomitschnitte der in der BdK stattfindenden Veranstaltungen. Über 25 Stunden Videomaterial habe ich je nach Thematik und Bedeutsamkeit in unterschiedlicher Intensität analysiert. Außerdem ist verschiedenes Zusatzmaterial in diese Arbeit eingeflossen, konkret beispielsweise eine verlinkte Radiosendung (Kuby 2014) oder Vortragsfolien (Wiesberg 2014). Auch die von der BdK herausgegebene, zum Zeitpunkt meiner Datenerhebung sechsbändige Schriftenreihe *Erträge* hat Eingang in meine Forschung gefunden. Auffällig ist hier, dass sich der Großteil der Beiträge (inzwischen insgesamt 20 von 24) aus den verschriftlichten Vorträgen, die in der BdK gehalten wurden, zusammensetzt. Besonderes Augenmerk habe ich auf die Vorworte gelegt, die im Namen der BdK verfasst wurden und als Rahmung zu verstehen sind. Auch der Newsletter der *Bibliothek des Konservatismus* namens *Agenda* ist Teil meines Datenmaterials. Neben den rezensierten Büchern habe ich vor allem die jeweiligen Vorworte der *Agenda* analysiert, die von Bibliotheksleiter Wolfgang Fenske verfasst wurden. Die auf ihrer eigenen Webseite öffentlich einsehbare Online-Präsentation der Bibliothek ist ebenfalls Bestandteil meiner Untersuchung. Aufgrund des Umfangs habe ich keine repräsentative Analyse des Bücherbestands vorgenommen. Auch scheinen mir die katalogisierten Titel weniger über die (politische) Ausrichtung der BdK zu verraten, als die von den Bibliotheksmitarbeiter:innen eigens organisierten Veranstaltungen beziehungsweise die Selbstdarstellung nach außen.

Dieses Buch ist in vier Kapitel aufgeteilt. Im Anschluss an diese Einleitung werde ich zunächst Hintergrundwissen zur *Bibliothek des Konservatismus* zusammenstellen und vor allem auf Themen und Akteur:innen eingehen (Kapitel 2). Daran schließt der Hauptteil (Kapitel 3) an, in dem ich maßgeblich durch die Analyse der Veranstaltungen unterschiedliche Praktiken zur Verschiebung von Diskursen aufzeige. Gegen Ende (Kapitel 4) werde ich noch mal auf die oben aufgeworfenen Fragen zurückkommen und den Stellenwert der BdK ausführen. Ich werde – so viel sei vorweggenommen – nachzeichnen, inwiefern der Name und die Selbstinszenierung dazu beitragen, als vermeintlich neutraler Ort der Wissensarchivierung wahrgenommen zu werden. Von diesem „neutralen" Standpunkt aus lässt sich gut und relativ unauffällig Einfluss auf gesellschaftliche Debatten nehmen. Gerade die Veranstaltungen aber verdeutlichen, wie (extrem) rechte Positionen vertreten, verbreitet und verfestigt werden.

2. Die Bibliothek des Konservatismus als (extrem) rechter Thinktank

»Lassen Sie uns das geistige Rüstzeug
bei den Denkern holen,
die in dieser Bibliothek lebendig sind!«
Kisoudis 2017: 1:01:40

Wirkt eine Bibliothek auf den ersten Blick als harmloser Ort der Sammlung von Wissen, verwundert der kriegerische Ton in genanntem Zitat, den der BdK-Referent Dimitrios Kisoudis anschlägt. Kisoudis hat unter anderem historische Anthropologie studiert und arbeitet als freier Publizist sowie persönlicher Referent des AfD-Bundestagsabgeordneten Martin Hess. Doch was genau meint er eingangs mit dem „geistige[n] Rüstzeug“? Wer sind die lebendigen „Denker“? Und welches „wir“ wird von Kisoudis eigentlich zum Handeln aufgerufen?

Um die *Bibliothek des Konservatismus* als Knotenpunkt institutioneller und personeller Überschneidungen (extrem) rechter Akteur:innen zu fassen, möchte ich zunächst einen kurzen Blick auf die Entstehungsgeschichte der BdK werfen (Kapitel 2.1), dann die Bibliothek in ihrer aktuellen Rolle als Thinktank darstellen (Kapitel 2.2) und abschließend das „geistige Rüstzeug“ (ebd.), also die ideologische und thematische Ausrichtung, und daran anknüpfend die Referent:innen selbst näher betrachten (Kapitel 2.3).

2.1 In der Geschichte: Zur Entstehung der Bibliothek des Konservatismus

Die Geschichte der *Bibliothek des Konservatismus* beginnt mindestens zwölf Jahre vor ihrer Eröffnung: Am 1. August 2000 gründete der Autor und Verleger Caspar Freiherr von Schrenck-Notzing in München die *Förderstiftung Konservative Bildung und Forschung* (FKBF) und gab als Zweck „die Förderung von Bildung und Erziehung, Kultur, Wissenschaft und Forschung" (Bayerisches Landesamt für Statistik 2020) an. Schrenck-Notzing war Herausgeber der inzwischen nicht mehr existierenden Zeitschrift *Criticón*, die 1970 in Reaktion auf die Studierendenproteste entstand und nach Angaben der BdK „konservativen Intellektuellen der Bundesrepublik eine unverwechselbare Stimme und geistige Heimat" (Bibliothek des Konservatismus 2020a) geben sollte. Bei *Criticón* schrieben unter anderem Armin Mohler und Karlheinz Weißmann, auf die ich später zurückkommen werde. Vorläufer der Förderstiftung war die GmbH *Institut für Konservative Bildung und Forschung*, die zweimal den *Balthasar-Gracián-Kulturpreis* verlieh und vor allem als politischer Aktionsrahmen des Geschäftsführers Schrenck-Notzing galt (Bauerschmidt u. a. 1996). Die Haupttätigkeit der FKBF war in den Anfangsjahren ähnlich: Seit 2004 verlieh sie, zusammen mit der Zeitung *Junge Freiheit* (JF), den *Gerhard-Löwenthal-Preis* und gab außerdem unregelmäßig erscheinende Informationsblätter heraus, unter anderem *Unsere Agenda*.

Zeitgleich zur FKBF wurde im Mai 2000 das sogenannte *Institut für Staatspolitik* (IfS) maßgeblich von den Gildenschaftern[12] Dieter Stein, Karlheinz Weißmann und Götz Kubitschek gegründet. Dieter Stein ist Chefredakteur der Wochenzeitung *Junge Freiheit*, die als zentrale Stimme im (extrem) rechten Kampf um Deutungsmacht, das heißt um gesellschaftliche und kulturelle Vormachtstellung, gilt (Fritzsche 2019: 84f). Seit 2007 ist Stein außerdem Vorsitzender der FKBF, wodurch eine enge Verzahnung zwischen Zeitung und Stiftung besteht (Salzborn 2017: 47). Karlheinz Weißmann arbeitete bis 2020 als promovierter Gymnasiallehrer, hat eine eigene Kolumne in der JF und ist Kuratoriumsmitglied der AfD-nahen *Desiderius-Erasmus-Stiftung*. Weißmann wird in der kritischen Wissenschaft als „wichtigste[r] Vordenker der Neuen Rechten im Deutschland der Gegenwart" (Salzborn 2017: 48) bewertet und ist regelmäßiger Gast in der BdK (wie aus der Übersichtstabelle hervorgeht unter anderem am 23.11.2013, 09.09.2016, 20.04.2017, 12.03.2018, 31.01.2019, 21.06.2019). Der Dritte im Bunde – Götz Kubitschek – ist bekannt für seinen langjährigen Aktivismus in verschiedenen (extrem) rechten Zusammenhängen und galt bis 2014 als Schüler Weißmanns (Weiß 2017: 87). Unstimmigkeiten vor allem über das weitere politische Vorgehen, also über die Frage, ob der von der AfD eingeschlagene parlamentarische Weg zu unterstützen sei oder nicht, führten zum Zerwürfnis zwischen Kubitschek und seinem Mentor Weißmann (ebd.). In der Folge gab Weißmann seine Leitungsfunktion des IfS ab. Seit diesem Richtungsstreit existieren IfS auf der einen Seite und FKBF, die später die Trägerschaft der BdK übernimmt, auf der anderen Seite als zwei (extrem) rechte Thinktanks nebeneinander.

---

[12] Die *Deutsche Gildenschaft* ist eine akademische Korporation, also ein Zusammenschluss von Studentenverbindungen.

Dennoch gibt es punktuelle Bezugnahmen der Verantwortlichen aufeinander. So werden beispielsweise die von der BdK herausgegebenen Schriften auch über den *Antaios Verlag* in Schnellroda, den Götz Kubitschek leitet, vertrieben (Antaios Verlag 2020).

Caspar Freiherr von Schrenck-Notzing verstirbt im Jahr 2009, zwei Jahre nach seiner Übergabe des Vorsitzes an JF-Chefredakteur Dieter Stein und dem somit eingeläuteten Generationenwechsel. Er stammte, wie der Name vermuten lässt, aus einer wohlhabenden Adelsfamilie; sein Nachlass bildet den Grundstock des Bücherbestands der BdK, die sich inzwischen im Aufbau befindet. Drei Jahre später, im November 2012, wird die Bibliothek unter der Trägerschaft der FKBF in der Fasanenstraße im Berliner Bezirk Charlottenburg eröffnet. Bibliotheksleiter wird Wolfgang Fenske, der evangelische Theologie studierte und zu Jugendzeiten Mitglied bei der Partei *Die Republikaner* in Berlin war (Kellershohn 1994: 95). Er schreibt für die *Junge Freiheit.* Aktuell ist außerdem Norman Gutschow, Autor und Lokalpolitiker der Pankower *Christlich Demokratischen Union Deutschlands* (CDU), für die Veranstaltungen verantwortlich. Jonathan Danubio leitet seit 2016 den Bereich *Sammlungen und Archive*. Er wettert unter anderem als Redakteur für das Internetportal *Freitum* gegen „linkes Geschwafel“ (Danubio 2017). Allein beim Personal zeigt sich bereits der Vernetzungscharakter verschiedener (extrem) rechter Strömungen, den ich in Kapitel 2.3 ausführlicher darstellen werde.

Wie aus der Antwort des *Berliner Senats* vom 26. Oktober 2018 auf eine Schriftliche Anfrage der Abgeordneten Anne Helm (LINKE) nach der Anerkennung der Stiftungsaufsicht in Berlin hervorgeht, wurde der Stiftungssitz im Jahr 2015 nach Berlin verlegt

(Abgeordnetenhaus Berlin 2018). Auskünfte über Zustiftungen seit der Gründung der FKBF, also über finanzielle Beträge, die im Gegensatz zu Spenden in das Grundvermögen einer Stiftung fließen, konnten zu diesem Zeitpunkt allerdings nicht eingeholt werden, da die Stiftung gegen die Offenlegung ihrer Finanzen gerichtlich vorgegangen ist. Lediglich die Höhe der Spenden an die FKBF aus den Jahren 2014 bis 2017, die der Berliner Stiftungsaufsichtsbehörde vorliegen, konnten genannt werden und belaufen sich auf Summen von 252.413,21 € (2015) bis 402.997,28 € (2014). Unklar bleibt die Höhe der Zustiftungen sowie der Spenden an die Bibliothek. Wie die beiden SPIEGEL-Journalisten Sven Becker und Ludwig Krause (2017: 45f) feststellten, sind Informationen zu Finanzen und Geldgeber:innen der FKBF oder BdK alles andere als zugänglich und nur über Umwege zu erhalten. Dank Grundbucheinträgen und Handelsregister konnten die Redakteure allerdings nachweisen, dass das Haus in der Fasanenstraße im Jahr 2013 vom Hamburger Reeder und Millionär Folkard Edler über seine Firma *Vebefa* gekauft und der FKBF übertragen wurde (ebd.). Es wird vermutet, dass ein Teil der Bibliothek beziehungsweise der FKBF durch Mieteinnahmen finanziert wird (ebd.: 46). Geld- und Bücherspenden sind vermutlich weitere Haushaltseinnahmen.

Zusammenfassend lässt sich festhalten, dass die *Bibliothek des Konservatismus* alles andere als aus dem Nichts entstanden ist: Sowohl institutionelle Vorläufer, als auch personelle Überschneidungen prägen die, zum Teil auch konflikthafte, Entstehung der Bibliothek.

2.2 In den Räumen: Zur aktuellen Situation der Bibliothek des Konservatismus

Zwischen Zoologischem Garten, *Technischer Universität Berlin* und Kurfürstendamm, inmitten Westberliner Geschäftshäuser, also an einem dieser Orte Berlins, wo sich viel Leben abspielt ohne dass dort viele Menschen leben, befindet sich die *Bibliothek des Konservatismus*. Nach außen reiht sich das Haus in der Fasanenstraße 4 mit seiner Glasfassade gut in den Straßenzug ein und ist leicht zu übersehen, da weder große Schriftzüge noch offene Türen auf eine Bibliothek hinweisen – im Gegenteil: Besucher:innen werden nur nach Absprache mit der Rezeption ins Haus gelassen. Im ersten Stockwerk angelangt, müssen die Personalien vorgelegt werden und erst dann wird der Zugang zu einem überschaubaren Raum gewährt, an dessen Fensterfront sich ein paar Arbeitsplätze befinden und ansonsten Bücherregale die Quadratmeter füllen.

Ziel der Bibliothek ist nach Aussagen des Leiters Wolfgang Fenske „eine konservative Denkfabrik mit verschiedenen Veranstaltungsformaten, vielleicht sogar hin zu einer Akademie oder einem hochschulähnlichen Zweig" (Behrens 2014) zu errichten. Zu einer Denkfabrik gehören Bücher oder andere Impulse für den geistigen Input, Denker:innen und Output – all das ist in der BdK zu finden. Der katalogisierte Bücherbestand umfasst nach Eigenangaben 34.000 katalogisierte Titel (Herbst 2017) und setzt sich vor allem aus Nachlassen und Bücherspenden zusammen (Salzborn 2017: 47). Laut Ulli Jentsch, Autor und Mitarbeiter des *antifaschistischen Pressearchivs und Bildungszentrums (apabiz)*, bilden die Titel den

„gesamten Kanon der deutschen extremen Rechten, von rechtskonservativ bis neonazistisch“ (Lüskow 2015) ab. Eine Besonderheit ist der sogenannte *Sonderbestand Lebensrecht* – ein Regal, das mit Literatur der sich selbst bezeichnenden „Lebensschutz“-Bewegung bestückt ist, also einer Bewegung, die den Beginn von Leben bereits bei einer befruchteten Eizelle ausmacht und dieses Recht im Zweifelsfall über die Rechte oder Wünsche der schwangeren Person stellt.[13] Dieses Regal ist Ausdruck einer Kooperation zwischen BdK und der Stiftung *Ja zum Leben*: So wird jeden September die Begleitveranstaltung zum alljährlich in Berlin stattfindenden sogenannten *Marsch für das Leben* in den Räumen der BdK ausgerichtet.[14]

Auch weitere Impulse gehen von der *Bibliothek des Konservatismus* als Veranstaltungsort aus: Mittlerweile etwa drei bis viermal monatlich finden Veranstaltungen, meistens Buchvorstellungen, in den Räumlichkeiten statt, die ein breites, (extrem) rechtes Themenspektrum umfassen und somit auch diversen (extrem) rechten Denker:innen und solchen, die sich dafür halten, ein Podium bieten. Bei den meisten Veranstaltungen wird inzwischen eine Eintrittsgebühr erhoben. Beworben werden die Veranstaltungen im Vorfeld vor allem über den hauseigenen Newsletter *Agenda* sowie über die *Junge*

---

[13] Eine ausführliche Kritik an der sogenannten „Lebensschutz“-Bewegung bietet das Buch von Eike Sanders, Kirsten Achtelik und Ulli Jentsch (2018): *Kulturkampf und Gewissen. Medizinethische Strategien der »Lebensschutz«-Bewegung*.

[14] Aufgrund der Maßnahmen zur Eindämmung der Corona-Pandemie konnte diese Abendveranstaltung im September 2020 nicht stattfinden. Die folgenden Angaben zu den Veranstaltungen beziehen sich ebenfalls auf die Zeit vor der Pandemie.

Freiheit. Darüber hinaus werden Seminare in der Bibliothek veranstaltet. Angelehnt an universitäre Strukturen richten sie sich an ein jüngeres Publikum, nämlich an „Schüler, Studenten und Jungakademiker“ (Bibliothek des Konservatismus 2020b). Hier werden im Semester-Rhythmus „Schlüsseltexte [...] konservativen Denkens“ gelesen und diskutiert, etwa unter dem Oberthema „*Und wenn die Welt voll Teufel wär‘* – Neuzeitliches Christentum und konservatives Denken“ (ebd.). Wortwahl und Format zeigen den eingangs zitierten Wunsch nach einer universitären Anbindung, nach „einer Akademie oder einem hochschulähnlichen Zweig“ (Behrens 2014). Außerdem wird die BdK auch von anderen (extrem) rechten Gruppierungen als Veranstaltungsort genutzt. So fanden in der Vergangenheit bereits verschiedene Veranstaltungen der *Jungen Alternative*, das heißt der Jugendorganisation der Partei *Alternative für Deutschland* (AfD), statt (unter anderem Junge Alternative Berlin 2015 und 2018; Register zur Erfassung rechtsextremer und diskriminierender Vorfälle in Berlin 2016). Des Weiteren vergibt die FKBF weiterhin, seit 2009 nur noch alle zwei Jahre, den *Gerhard-Löwenthal-Preis* für Journalisten (mit 5.000 € und seit 2017 mit 10.000 € dotiert) und den *Gerhard-Löwenthal-Ehrenpreis* (undotiert). Unter den Preisträger:innen findet sich eine Bandbreite (extremer) Rechter wie eine zusammengestellte Liste im Anhang verdeutlicht, die vor allem für die *Junge Freiheit* und die *Sezession* (Zeitschrift des *Institut für Staatspolitik*) schreiben, aber auch für *Focus, Welt, eigentümlich frei* und *Preußische Allgemeine*. Da sich der Kern dieses Buches allerdings um die Veranstaltungen dreht, nehme ich keine Analyse der Preisträger:innen und ihrer politischen Ausrichtungen vor. Schließlich werden neben den Veranstaltungen auch weitere Versuche unternommen, Anschluss an die Öffentlichkeit zu finden. Beispielhaft ist hier die Teilnahme an der *Langen Nacht der Bibliotheken* im Jahr

2013 zu nennen, die als Versuch einer Normalisierung in der Öffentlichkeit gelesen werden kann, was unter anderem eine Studierendengruppe rund um den *Allgemeinen Studierendenausschuss* (AStA) der *Technischen Universität Berlin* problematisierte (Zillmer 2013).

Neben Veranstaltungen und der Bereitstellung von Büchern, gibt die *Bibliothek des Konservatismus* auch eigene Bücher und Schriften heraus, hat also einen Output: Alle zwei Monate erscheint der erwähnte Newsletter *Agenda*, der vor allem von vergangenen Veranstaltungen berichtet sowie für kommende wirbt. Außerdem gibt die FKBF eine eigene Schriftenreihe namens *Erträge* heraus, die bislang sieben Bände umfasst. Dabei handelt es sich bei dem Großteil der Artikel um die verschriftlichten Vorträge, die in der BdK gehalten wurden (Übersicht im Anhang). Unter der Anschrift der BdK erscheint zudem auch, wie die Journalisten Christian Fuchs und Paul Middelhoff (2019: 117) nachverfolgt haben, die seit 2017 existierende Zeitschrift *Cato – Magazin für neue Sachlichkeit*. Der bereits erwähnte Karlheinz Weißmann hat *Cato* zusammen mit Andreas Lombard gegründet. Lombard war unter anderem Verleger im Verlag *Manuscriptum* und Preisträger des *Gerhard-Löwenthal-Preises* im Jahr 2007 (damals noch als Andreas Krause Landt). Es handelt sich bei *Cato* nach eigenen Angaben um eine metapolitisch ausgerichtete Zeitschrift (Schwarz 2017), vergleichbar mit der *Sezession* in ihren Anfängen. Hier zeigt sich erneut die Nähe Weißmanns zur BdK, auch wenn er kein offizielles Amt innehat.

Insgesamt zeichnet sich die *Bibliothek des Konservatismus* durch eine Vielzahl eher klassischer Formate einer Bibliothek aus, die mit (extrem) rechten Inhalten gefüllt werden. Der eher harmlose und vermeintlich wissenschaftliche Anstrich der Formate täuscht schnell über die inhaltliche Ausrichtung hinweg und kann als Versuch der Normalisierung verstanden werden.

2.3 In den Köpfen: Zur ideologischen und thematischen Verortung der Referent:innen in der Bibliothek des Konservatismus

Im Anschluss an den In- und Output der *Bibliothek des Konservatismus* als Denkfabrik sollen nun die Denker:innen beziehungsweise diejenigen, die sich als Denker:innen inszenieren, und das Denken selbst im Fokus stehen.

Wer sich auf Konservatismus bezieht, verbindet damit oft sehr unterschiedliche Vorstellungen: Althergebrachtes, Ewiggestriges, Konkretes, Familiäres, Reaktionäres. Konservatismus ist ein schillernder Begriff, was unter anderem auf den Mangel eines umfassenden Theoriegebäudes zurückzuführen ist. Während die großen Denkrichtungen Liberalismus und Sozialismus sich auf ein eigenständiges theoretisches Fundament beziehen können, besteht Konservatismus oft nur in Verbindung beziehungsweise Abgrenzung zu vorherrschenden Traditionen und Einstellungen. Es mag widersprüchlich klingen, doch Konservatismus ist stets im Wandel begriffen.

Etwas konkreter erscheint demgegenüber die vermeintliche *Konservative Revolution*, die in Deutschland zu Zeiten der Weimarer Republik stattgefunden haben soll und der BdK als intellektueller Bezugsrahmen dient. Grundlage bildet hierfür die 1949 veröffentlichte Doktorarbeit Armin Mohlers, in der er versucht verschiedene antiliberale Intellektuelle dieser Zeit (unter anderem Arthur Moeller van den Bruck, Ernst Jünger, Carl Schmitt, Oswald Spengler[15]) zu einer politischen Strömung zu verbinden. Einer fundierten Analyse hält diese Zusammenfassung allerdings nicht stand, wie der Historiker Stefan Breuer (1990) anschaulich zeigt. Er kommt zu dem Schluss, dass die Autoren der vermeintlichen *Konservativen Revolution* vor allem mit „intellektuelle[n] Basteleien von je unterschiedlicher Ausprägung, Reflexionshöhe und Wirkung" (ebd.: 604) beschäftigt waren, mitnichten aber einen gemeinsamen, intellektuellen Kernbestand herausbildeten oder gar eine neue Denkströmung begründeten. Der Politikwissenschaftler Samuel Salzborn (2015: 67) charakterisiert diesen Personenkreis vielmehr als „weltanschauliche Vordenker und Wegbereiter des Nationalsozialismus", die „zugleich diesem aber intellektuell auch überlegen" waren. Dem Historiker Volker Weiß zufolge dient nach dem Zweiten Weltkrieg die *Konservative Revolution* als „Erfindung [, um] der durch Nationalsozialismus, Shoah und Kriegsniederlage belasteten deutschen Rechten wieder zu einer positiven Tradition" zu verhelfen (Weiß 2017: 44). Hier zeigt sich also bereits die „Taktik, unter der Fahne des Konservativen die Grenzen bis weit in faschistisches Gelände hinein zu verschieben" (ebd.: 39). Willkürlich ist diese Bezugnahme nicht, fanden doch auch historisch immer wieder reaktionäre und (extrem) rechte Positionen einen Platz im Konservatismus.

---

[15] Auf Arthur Moeller van den Bruck und Carl Schmitt werde ich im Hauptteil näher eingehen.

Bevor ich einen groben Überblick über die Themen der Veranstaltungen gebe, möchte ich zunächst vier Personen vorstellen, die in der BdK referiert haben und für unterschiedliche Strömungen innerhalb der (extremen) Rechten stehen. Für ausführlichere Informationen habe ich eine Übersichtstabelle mit allen Veranstaltungen im Zeitraum von Juli 2011 bis März 2020, die ich online meist aufgrund BdK-eigener Ankündigungen ausfindig machen konnte, im Anhang angelegt.[16] Diese Tabelle zeigt umfangreicher auf, wie facettenreich die politischen Strömungen der Referent:innen und somit auch die Veranstaltungen in der BdK sind. Beispielhaft sollen die vier ausgewählten Akteur:innen dies veranschaulichen: Susanne Kablitz als Autorin, Manfred Backerra als pensionierter Bundeswehr-Oberst, Barbara Rosenkranz als ehemalige FPÖ-Politikerin und Béatrice Bourges als Aktivistin. Wie in der Einleitung erwähnt, werden Frauen (und alle weiteren Geschlechter jenseits der Zweigeschlechtlichkeit, sofern sie denkbar und existent sind) als Teil der (extremen) Rechten in der Forschung zu oft vernachlässigt. Aus diesem Grund habe ich bewusst mehrheitlich Frauen ausgewählt; das abgebildete Geschlechterverhältnis ist aber mitnichten repräsentativ für die BdK. Mir war es vor allem ein Anliegen mit der Auswahl eine thematische, ideologische und aktionistische Bandbreite an Referent:innen in der BdK vorzustellen.

Susanne Kablitz präsentierte am 10. September 2015 ihren libertären Roman *Bis zum letzten Atemzug* in der BdK. Sie bezeich-

---

[16] Intensives Monitoring der BdK führt das *Register zur Erfassung rechtsextremer und diskriminierender Vorfälle in Berlin* durch und erfasst für Charlottenburg-Wilmersdorf zahlreiche Treffen und Veranstaltungen, die in der BdK stattfinden.

nete sich selbst als Libertäre, das heißt als Anhängerin einer philosophisch-politischen Richtung, die für einen sehr umfassenden individuellen Freiheitsbegriff einsteht und unter anderem einen starken bis vollständigen Rückzug des Staates verlangt. Für libertäres Denken, insbesondere innerhalb der (extremen) Rechten, ist die wirtschaftliche Dimension (etwa großer Stellenwert des Privateigentums bei möglichst wenig reguliertem Marktprinzip) bedeutsam. Kablitz war Parteivorsitzende der libertären Kleinpartei *Partei der Vernunft*, in der auch weitere Referent:innen Mitglieder sind, wie beispielsweise Oliver Janich, libertärer Journalist und Autor. In ihrer Romanvorstellung erklärt sie ihre Liebe an den Kapitalismus und wertet Linke und Kommunist:innen ab. So wird beispielsweise der Bruder der Protagonistin, der „seit jeher ein Verfechter der sozialen Gerechtigkeit [war und] [m]it dreizehn begann [...] T-Shirts mit dem Konterfei von Ernesto Che Guevara zu tragen [...] und [...], wenn er es besonders auf Streit angelegt hatte, das rote Buch von Mao Tsetung auf dem Wohnzimmertisch offen liegen [ließ]" (Kablitz 2015: 21:55), durchgängig als faul, fies und gescheitert dargestellt. Auch die Figur Anna, die zunächst als „Tyrannin" (ebd.: 33:17) und „beständig krank" (ebd.: 37:32) beschrieben wird, entwickelt sich im Romanverlauf zur Kommunistin (ebd.: 39:10), verschwindet mit dem einzigen Kind mitten in der Nacht, ohne dass der gutmütige und fleißige Vater davon informiert wird. Hier zeigen sich Anschlüsse an sozialchauvinistische Vorstellungen („die faulen Linken") und an antifeministische Erzählungen („Frauen nehmen Männern die Kinder weg").

Am 11. Februar 2017 beging Kablitz Suizid. Einen Tag zuvor veröffentlichte sie auf ihrem Blog den Beitrag *Dieses Land ist unrettbar verloren* (Kablitz 2017). Darin bezeichnet Kablitz die heutige Zeit als faschistische Diktatur wie 1933, nur dass „die heutigen

Nazis [...] flüchtlingsbesoffene Gutmenschen und asoziale ‚Antifaschisten' [sind]" und dass es „nur noch eine Frage der Zeit [ist], wann es Tote auf beiden Seiten gibt" (ebd.). Nicht nur, dass analytisch die Gleichsetzung von Faschist:innen und Antifaschist:innen absurd ist – der abschließende Satz kann auch als Drohung verstanden werden. Vor dem Hintergrund ihres Suizids entwickelt der Text eine weitere Dramatik.

Kurz nach Kablitz hielt Manfred Backerra am 3. Dezember 2015 einen Vortrag in der BdK mit dem Titel *Rufmord am deutschen Handeln. Manfred Backerra über den Kampf gegen den Armeniermord*, in dem er eine Mitschuld des Deutschen Reiches an der Vernichtung der Armenier:innen während des Ersten Weltkriegs ausschließt. Backerra, Bundeswehr-Oberst a.D., ist Vorsitzender der *Staats- und Wirtschaftspolitischen Gesellschaft*, die „Beifall in rechtskonservativen wie ultrarechten Kreisen [findet]" (Maegerle und Hörsch 2004: 177). Die Gesellschaft trat unter anderem durch ihr Engagement gegen die beiden kritischen Wehrmachtsausstellungen des *Hamburger Instituts für Sozialforschung* von 1995 bis 1999 und 2001 bis 2004 in Erscheinung (ebd.: 177). Beide Ausstellungen thematisierten die zahlreichen Verbrechen der deutschen Wehrmacht, also des deutschen Militärs im Nationalsozialismus. In seinem Text *Der deutsche Soldat kämpft ritterlich* stellt Backerra die Waffen-SS während des Zweiten Weltkriegs als „humanitär" sowie mit „großer Zivilcourage" (Backerra o. J.: o.S.) dar. Er bescheinigt eine „befehlsunabhängige, innerliche ritterlich-menschliche Haltung der Soldaten aller Ebenen" (ebd.). Hier zeigt sich der Versuch, ein neues Geschichtsbild zu entwerfen: Der militärische Arm des Nationalsozialismus soll nicht länger mit Menschenvernichtungslagern assoziiert werden, sondern mit Humanismus. Nach diesen Äußerungen verwundert es wenig, dass Backerra bei der AfD-Veranstaltung *Fraktion im Dialog* am 18.04.2016 in Hamburg auffiel, indem er sich gegen die (zumindest öffentliche) Distanzierung der AfD von der NPD einsetzte (Speit 2016).

Die dritte Referentin Barbara Rosenkranz war am 25. Februar 2014 zu Gast in der BdK. Ihr Vortrag trug den Titel *Wie das Projekt EU Europa zerstört: Eine überzeugte Europäerin rechnet ab* und wurde von JF-Chefredakteur Dieter Stein moderiert. Die Politikerin war bis August 2017 Mitglied der *Freiheitlichen Partei Österreichs* (FPÖ). Außerdem ist sie Autorin des antifeministischen Buches *MenschInnen. Gender Mainstreaming – Auf dem Weg zum geschlechtslosen Menschen* (Rosenkranz 2008), in dem sie gegen Feminismus, Gender Mainstreaming und gleichgeschlechtliche Lebenspartnerschaften wettert (Wodak 2016: 123). Ihr Ehemann, Horst Rosenkranz, gibt (extrem) rechte Bücher heraus und war unter anderem Funktionär in der österreichischen, inzwischen verbotenen *Nationaldemokratischen Partei* (NDP) (ebd.). Der Veranstaltungstitel verweist auf die Anti-EU-Rhetorik, die in Deutschland besonders die Geburtsstunde der AfD prägte. Anhand der „Rosenkranz-Affäre" veranschaulicht die Sprachwissenschaftlerin Ruth Wodak eindrücklich die Strategie der „kalkulierten Ambivalenz" (ebd.: 125): Zunächst hatte Barbara Rosenkranz in verschiedenen Medien, unter anderem der *Neuen Kronen Zeitung*, Anfang März 2010 das „Infragestellen der Existenz von Gaskammern [als] ‚Meinungsfreiheit'" (ebd.: 124) bezeichnet. Als die gesellschaftliche Empörung nicht abebbte, verfasste sie eine (juristisch bedeutungslose) eidesstattliche Erklärung, in der sie sich vom Nationalsozialismus distanzierte. Von ihrer Aussage allerdings distanzierte sie sich nicht, sondern führte wenig später nur pauschal und vage aus, dass es Gaskammern gegeben habe, ohne Angabe von Orten oder Personen (ebd.: 127). Sie verhielt sich also kalkuliert ambivalent, um weder moderate noch offen antisemitische Wähler:innen zu verprellen. Diese Gleichzeitigkeit und vermeintliche Widersprüchlichkeit wird im Hauptteil dieses Buches immer wieder von Relevanz sein.

Schließlich war die französische Unternehmensberaterin und Aktivistin Béatrice Bourges am 22. November 2013 im Rahmen einer Bibliothekstagung mit dem Titel *Konservative und Libertäre – Brüder im Geiste oder politische Gegner?* in der BdK als Referentin geladen. Bourges ist Mitbegründerin der *La Manif pour tous*, einer Bewegung und – seit 2015 – politischen Partei, die gegen vielfältige Familienformen, also gegen alle Formen außerhalb von cis-geschlechtlichen Vater-Mutter-Kind(er)-Modellen mobilisiert. *La Manif pour tous* versuchte insbesondere im Jahr 2013 in der französischen Debatte um die Öffnung der Ehe für gleichgeschlechtliche Paare durch Demonstrationen Einfluss auf die Entscheidung zu nehmen. In Deutschland gilt *La Manif pour tous* als Vorbild für das Aktionsbündnis *Demo für alle*, das sich seit 2014 zunächst vor allem gegen die Pläne eines vielfältigeren Schulunterrichts in Bezug auf Geschlecht und Sexualität einsetzte, aber auch gegen die Möglichkeit der Eheschließung für gleichgeschlechtliche Paare und wissenschaftliche Geschlechterforschung mobilisierte. Aufgrund ihrer starken Radikalisierung wurde Bourges 2013 aus dem Organisationskern der *La Manif pour tous* ausgeschlossen (Langer 2013). Daraufhin gründete sie das katholische Bündnis *Printemps Français* (deutsch: *Französischer Frühling*), welches einen konfrontativeren

Kurs fuhr (Lichfield 2013). Bourges ist für verschiedene Aktionsformen im öffentlichen Raum bekannt: Neben Demonstrationen und Störungsaktionen von Veranstaltungen, die unter anderem auf dem YouTube-Kanal von *Printemps Français* dokumentiert werden, trat sie 2014 in einen kurzzeitigen Hungerstreik, der den Rücktritt des ehemaligen französischen Präsidenten Francois Hollande erzwingen sollte.

Zusammenfassend lässt sich festhalten, dass die Referent:innen in der BdK für sehr unterschiedliche Spektren stehen und somit für ein heterogenes Publikum anschlussfähig sind. Durch die Klammer Konservatismus lassen sich verschiedene (extrem) rechte Bewegungen zusammenbringen. Anhand der Übersichtstabelle im Anhang und meiner Analysen im Hauptteil lässt sich nachvollziehen, wie weit sich die Themenpalette erstreckt: von Überlegungen zur historischen und aktuellen Lage des Konservatismus (beziehungsweise dem, was zu Konservatismus gemacht wird), über eine Abgrenzung und Abwertung kommunistischer und linksliberaler Ideen, bis hin zu nationalistischer Anti-Migrationsrhetorik, die durch (antimuslimisch) rassistische Vorstellungen gefüttert wird. Eher ökonomisch ausgerichtete Formate beinhalten Überlegungen zu libertären Vorstellungen und grenzen sich häufig stark von der EU ab, indem sie teilweise antisemitisches Verschwörungsdenken gebrauchen. Durch die institutionelle Verbindung mit der Stiftung *Ja zum Leben* erhalten auch die christlich-fundamentalistische „Lebensschutz"-Bewegung, die unter anderem gegen Schwangerschaftsabbrüche und meist auch gegen Verhütung mobilisiert, sowie andere antifeministische Positionen einen Raum.

Auch auf der Handlungsebene der Referent:innen lässt sich eine Breite unterschiedlicher Aktionsformen feststellen – sei es parlamentarische Politik (Rosenkranz), kulturell-künstlerische Formen wie das Schreiben von Romanen (Kablitz) oder die Intervention im öffentlichen Raum durch Demonstrationen, Störungen, und so weiter (Bourges). Der Kampf um Deutungsmacht wird also an vielen Fronten und mit vielen Mitteln ausgefochten.

Sowohl Vernetzung als auch ideologisches Fundament dienen dabei als wertvolles Handwerkszeug oder – wie in den Worten des zu Kapitelbeginn zitierten BdK-Referenten Dimitrios Kisoudis (2017) ausgedrückt – als „geistige[s] Rüstzeug“, das sich die Akteur:innen der BdK „bei den Denkern holen, die in dieser Bibliothek lebendig sind“ (ebd.: 1:01:40). Somit ist die *Bibliothek des Konservatismus* ein Ort (extrem) rechter Bewegungen, der im doppelten Sinne Raum für Denken und Handeln, für Vernetzung und Selbstvergewisserung bietet.

3. Diskursive Interventionen

> *»Solche [(extrem) rechte Akteur:innen, Anm. L.H.] haben diskursive und rhetorische Strategien entwickelt, die unvereinbare Phänomene verbinden, falsche Behauptungen harmlos klingen lassen, die es ermöglichen das Offensichtliche zu leugnen und das ‚Unsagbare' zu sagen sowie die Grenzen des Erlaubten zu überschreiten.«*
> Wodak 2016: 38

Die von Ruth Wodak angesprochenen „diskursive[n] und rhetorische[n] Strategien" (ebd.) bilden das Herzstück meiner Analyse und dieses Buches. Wie bereits erwähnt, fokussiere ich mich hier auf die Veranstaltungen, die von der *Bibliothek des Konservatismus* ausgerichtet wurden. Dies hat vor allem drei Gründe: Eine zentrale Funktion der BdK ist, wie ich gezeigt habe, die Vernetzung (extrem) rechter Akteur:innen, die vor allem in den Veranstaltungen stattfindet. Um dieser Vernetzungsfunktion gerecht zu werden, ist eine Fokussierung der Veranstaltungen also äußerst sinnvoll. Zweitens nehmen die BdK-Mitarbeiter in der bewussten Planung und gezielten Einladung von Referent:innen eine Auswahl vor, die Aufschluss darüber bietet, wie sich die BdK nach außen präsentieren möchte und welche inhaltliche Ausrichtung sie anstrebt. Schließlich ermöglicht die Analyse von Videomaterial mehr Ebenen als lediglich die textliche, ist also durch die Einbeziehung von beispielsweise Körpersprache oder Interaktion zwischen Publikum und Referent:innen umfassender. Das übrige Datenmaterial (Selbstdarstellung im Internet, von der BdK veröffentlichte Bücher, o.ä.) hat mir zur Einbettung der Videos geholfen und Hintergrundwissen zur BdK geliefert, das vor allem im vorigen Kapitel Eingang gefunden hat.

Insgesamt erläutere ich in diesem Kapitel neun verschiedene Strategien. Darüber hinaus gibt es noch zahlreiche mehr, die mir aber in meiner Interpretation der Veranstaltungen in der *Bibliothek des Konservatismus* weniger bedeutsam erscheinen. Für eine bessere Struktur sind alle Strategien unter drei Verben – *Fortführen*, *Herstellen* und *Verändern* – sortiert. Diese Verben sind inspiriert von den Wissenschaftler:innen Ruth Wodak, Maria Kargl, Rudolf de Cillia, Martin Reisigl, Karin Liebhart und Klaus Hofstätter (1998). Sie haben in ihrer Studie *Zur diskursiven Konstruktion nationaler Identität* (ebd.) unterschiedliche Diskursstrategien herausgearbeitet, die auf die Herstellung einer nationalen Identität abzielen.

Das erste Unterkapitel unter dem Stichwort *Fortführen* (3.1) zeigt auf, wie (vermeintlich) Bestehendes, also der gesellschaftliche Normalzustand, fortgeführt wird. Ich hinterfrage hier auch kritisch, ob es solch einen Normalzustand oder auch die damit verknüpften Traditionen eigentlich gibt, und wenn ja, für wen. Das Kapitel *Herstellen* (3.2) geht einen Schritt weiter und umfasst Strategien, die etwas Neues erschaffen. *Verändern* (3.3) lautet das dritte und längste Unterkapitel. Hier zeige ich, inwiefern in den Veranstaltungen der BdK nicht nur Annahmen fortgeführt oder hergestellt werden, sondern auch konkret verändert werden. Schließlich werde ich die Effekte aller diskursiven Interventionen in einem letzten Unterkapitel (3.4) zusammenfassen.

3.1 Fortführen

»Konservativ ist Dinge zu schaffen,
die zu erhalten sich lohnt.«
Moeller van den Bruck 1923: 215

Was macht eine *Bibliothek des Konservatismus* aus? Hat eine Bibliothek nicht immer etwas Konservatives, wenn es dabei um das Bewahren, eben das Konservieren von Literatur geht? Oder wäre das eher eine *konservative* Bibliothek mit „[k]narrende[n] Holzdielen und de[m] Modergeruch verstaubter Folianten" (Schwarz 2011), von der sich der Bibliotheksleiter im Interview mit der *Jungen Freiheit* ein Jahr vor deren Eröffnung klar abgrenzt? Und wenn es also weniger um das Wesen der Bibliothek, also um die Bibliothek als Bibliothek, sondern vielmehr um die Denkströmung des Konservatismus geht: Was heißt das genau für die Politik der *Bibliothek des Konservatismus*? Wolfgang Fenske zitiert häufig als Antwort auf die Frage nach Konservatismus den völkisch-nationalistischen Kulturkritiker Arthur Moeller van den Bruck mit folgender Definition: „Dinge zu schaffen, die zu erhalten sich lohnt" (van den Bruck, zit. nach Fenske 2016a). Hier wird also nichts Altes bewahrt, sondern Neues erschaffen, das dann wiederum erhalten werden soll. So allgemein und dadurch nichtssagend dieser Spruch einerseits daherkommt, so vielsagend zeigt er doch andererseits auf, was hier unter Konservatismus verstanden wird: Es geht nicht um die Bewahrung vermeintlicher Traditionen, sondern um die Schaffung eben dieser.

Statt vom Konservieren des Althergebrachten möchte ich also in diesem Kapitel eher vom Fortführen sprechen. Somit wird einerseits die aktive Rolle der Akteur:innen deutlich, andererseits werden die Kontinuitäten sichtbar, auf die sich (extreme) Rechte beziehen.

Die nachfolgenden diskursiven Interventionen unter dem Stichwort *Fortführen* glänzen nicht gerade durch ihre Neuheit, sind aber nach wie vor von großer Bedeutung und erhalten deswegen hier ein eigenes Kapitel.

3.1.1 „Freund versus Feind" – Die Fortführung vermeintlicher Gegensätze über Othering

Freund versus Feind, europäisch versus afrikanisch, Mann versus Frau, Christ versus Muslim – die Liste der Gegensatzpaare, die Referent:innen in der BdK aufstellen, ließe sich fortführen. „Freund versus Feind" ist dabei ein Ausspruch des (extrem) rechten Staatsrechtlers und überzeugten NSDAP-Mitglieds Carl Schmitt (1888–1985). Der Politikwissenschaftler Samuel Salzborn (2017: 63) bezeichnet ihn als „Kronzeuge der Neuen Rechten im Kampf gegen die Demokratie". Durch eine Analyse von Schmitts Werken kommt Salzborn zu dem Schluss, dass der von neu-rechten Akteur:innen häufig adressierte „Wille des Volkes" im Grunde auf „völkische[r] Homogenität und einem kategorialen und militarisierten Freund-Feind-Denken basiert" (ebd.: 77). Dieses „Freund-Feind-Denken" erscheint mir eine zentrale Praktik, um komplexe Verhältnisse zu vereinfachen. Gleichzeitig steckt in dieser Strategie auch der Wunsch nach einer Ordnung, in der es klare Aus- und Einschlüsse, ein klares „Wir" gegen „die Anderen" gibt.

Beispielhaft lassen sich anhand der Veranstaltungen in der BdK die Feindvorstellungen (extremer) Rechter erkennen: So sind wahlweise „die Muslime" (Nagel 2015), „Linksextreme" (Hoffmann 2014), „die 68er" (Kraus 2017), „die Feministinnen" (Löhr 2013), aber auch (und vor allem) Angela Merkel (Bagus 2017) sowie die gegenwärtige CDU (Steinbach 2017) pauschal klare Feindbilder. Dahingegen wird sich positiv beispielsweise auf Ex-Bundeskanzler Helmut Kohl (Lengsfeld 2014) oder auf Ex-CSU-Politiker Franz-Josef Strauß (Kraus 2017) bezogen. Auffällig ist die bereits erwähnte Vereinfachung der Gruppierungen im Sinne einer Homogenisierung: Wer sind denn eigentlich „die“ Muslime? Verfolgen Feminist:innen alle die gleichen Ziele? Komplexe und vielfältige Gruppen werden pauschal zu einer Einheit zusammengefasst, was – zugegebenermaßen ziemlich billig – einen Weg aus der komplizierten und globalisierten Welt anbietet.

Genannter Mechanismus ist alles andere als neu: In Arbeiten, die sich mit Macht- und Herrschaftsverhältnissen beschäftigen, wird von *Othering* gesprochen. Beispielsweise hat (ohne es begrifflich so zu labeln) die feministische Philosophin Simone de Beauvoir in *Das andere Geschlecht* (1992 [1951]) diesen Mechanismus in sexistischen Strukturen beschrieben. Der Literaturwissenschaftler Edward W. Said geht in seinem Buch *Orientalism* (2003 [1978]) näher auf den Mechanismus des *Othering* ein und erklärt ihn wie folgt: Das vermeintlich Eigene und das vermeintlich Andere werden zu starren, in sich geschlossenen Einheiten zusammengepfercht (Homogenisierung). In einem zweiten Schritt werden diese Einheiten gegeneinander in Stellung gebracht (Dichotomisierung). Schließlich werden beide Einheiten bewertet – gut ist logischerweise das Eigene, schlecht das Andere – und somit in eine Rangfolge gebracht (Hierarchisierung). Demzufolge wird im Sinne von *Othering* das vermeintlich Eigene – die Akteur:innen in der BdK – durch die Abwertung des vermeintlich Fremden – Muslim:innen, Linke, Feminist:innen – aufgewertet.

3.1.2 „Doch Freiheit ist anstrengend“ – Die Fortführung einer heteronormativen Tradition

Unter Freiheit verstehen Menschen sehr unterschiedliche Dinge: Für die einen bedeutet Freiheit sich so zu kleiden, wie es der eigenen Laune gerade zusagt, sich zu jeder Tages- und Nachtzeit allein bewegen zu können ohne (körperlichen) Übergriffen ausgesetzt zu sein. Andere meinen ein freier Markt würde die Menschheit aus dem Unglück holen, diejenigen zur Rechenschaft ziehen, die nur faulenzen und diejenigen belohnen, die arbeitstüchtig jeden Morgen früh aufstehen. Ob der Kapitalismus der Weg zur Freiheit ist oder ob Kapitalismus und Freiheit sich gegenseitig ausschließen ist nur einer der vielen Konflikte, die das Reden von Freiheit mit sich bringt.

Auch in der BdK schwirrt dieses große Wort durch die Vorträge. Einer dieser Vorträge wird von Alexander Grau gehalten. Er ist Kolumnist unter anderem für das liberal-konservative Magazin *Cicero*, das laut *taz, die tageszeitung* seit Sommer 2015 deutlich nach rechts gerückt ist (Fromm 2016). Graus Analyse der gegenwärtigen Verhältnisse sieht so aus:

> „Doch Freiheit ist anstrengend. Denn wie soll man leben, wenn niemand einem sagt, wie man leben soll? Also orientiert man sich zunächst an den überlieferten Traditionen. Dementsprechend dauert es mehrere Generationen bis sich die Menschen tatsächlich von den überlieferten Rollenzuweisungen auch innerlich lossagen und das Ideal radikaler Selbstverwirklichung zum allgemeinen Lebensprinzip wird. Welches Selbst aber soll das sich nach Selbstverwirklichung sehnende Selbst verwirklichen? Für welche der vielen Lebensoptionen soll es sich entscheiden? Für welchen Job? Für

> welchen Partner? Für welches Geschlecht? Für welches Hobby? Für welche Subkultur?“ (Grau 2018: 35:44)

Zunächst erscheint dieses Zitat einleuchtend: Mehr Möglichkeiten zu haben heißt auch mehr Entscheidungen fällen zu müssen. Ob dadurch die Freiheit oder nicht eher die Entscheidungsfindung anstrengend wird, ließe sich diskutieren. Wenig später im Vortrag wird Grau dann aber deutlicher:

> „Denn jeder ist ein Einzelner und jeder hat Ansprüche, die er unter dem Deckmäntelchen des moralischen Rechtes an die anonyme Gesellschaft delegiert. Das Ergebnis ist die staatlich sanktionierte Individualemanzipation, exemplarisch zu studieren am offiziellen Staatsfeminismus.“ (ebd.: 41:46)

Dass feministische und andere emanzipatorische Errungenschaften auf kollektiven Kämpfen beruhen, negiert Grau hier völlig. Stattdessen bagatellisiert er beispielsweise feministische Anliegen, indem er sie auf moralische Interessen Einzelner reduziert und sie zu Auswüchsen eines neoliberalen Individualismus macht. Absurd wird es, wenn Grau von einer „staatlich sanktionierte[n] Individualemanzipation“ (ebd.) spricht und beispielhaft den vermeintlichen Staatsfeminismus anbringt. Ist die „Individualemanzipation“ staatlich sanktioniert oder wird es, was eher zum Rest passen würde, staatlich sanktioniert, wenn sich Menschen (Frauen?) nicht emanzipieren? Zwingt ein Staatsfeminismus Menschen dazu sich zu emanzipieren? Was wäre dann der Umkehrschluss? Vorgaben, wer geliebt, welches Geschlecht gelebt und welches Hobby ausgeübt werden soll? Von diesem zunächst sehr harmlos klingenden Einstieg à la „die Welt ist unübersichtlich geworden und darin den eigenen Platz zu finden ist nicht so leicht“ wird der reaktionäre und rückwärtsgewandte

(Sub-)Text des Vortrags überlagert. Der antineoliberale Aufmacher, entpuppt sich als antiliberales und antifeministisches Projekt.

Noch deutlicher wird es in einer von der BdK verlinkten Radiosendung, in der Sophia Kuby (2014) gegen die Ehe gleichgeschlechtlicher Paare mobilisiert. Kuby war zur Zeit der Radiosendung Geschäftsführerin von *European Dignity Watch* (EDW), einer katholisch-fundamentalistischen Nichtregierungsorganisation, die im EU-Lobby-Register geführt wird (Sanders, Achtelik und Jentsch 2018: 132f). Seit 2015 arbeitet sie für die weltweit agierende, christlich-fundamentalistische Nichtregierungsorganisation *Alliance Defending Freedom* (ADF) beziehungsweise *ADF International* und ist dort für die Einflussnahme auf EU-Ebene zuständig (ebd.: 136). Sophia Kuby ist außerdem Tochter von Gabriele Kuby, die für ihre antifeministische Rhetorik bekannt ist (Diskursatlas Antifeminismus 2020). Sophia Kuby setzt sich in der Radiosendung für den Erhalt der vermeintlich traditionellen, heteronormativen Familie ein. Das bedeutet, dass alle Familienmitglieder die Geschlechter leben (sollen), die ihnen bei der Geburt zugewiesen wurden, also entweder männlich oder weiblich, dass Vater und Mutter sich gegenseitig, also heterosexuell, begehren und dass es eine klare Aufgabenverteilung nach Geschlecht gibt: Die Mutter kümmert sich primär um Kindererziehung und Hausarbeit, der Vater geht außerhäuslich einer bezahlten Erwerbsarbeit nach. Kuby begründet ihre antifeministische Position mit der Tradition der heterosexuellen Ehe. Diese Tradition ist hier allerdings nur ein Auszug des Althergebrachten, existierten doch schon immer beispielsweise nicht-heterosexuelle Lebens- und Liebesformen, auch wenn diese in den westeuropäischen Gesellschaften (rechtlich) nicht anerkannt und somit unsichtbar gemacht wurden und werden.

Ein anderes Zitat verbindet die letzten beiden Diskursstrategien (3.1.1 und 3.1.2):

> „Das ‚wir' zu denken und zu empfinden, haben die Deutschen fast völlig verlernt. Die Folgen von '68 können in der Sphäre des Politischen nur symptomatisch bekämpft werden. Weit wichtiger ist es, die nachwachsenden Generationen an unser Eigenes heranzuführen. In alten Texten, Bildern und Melodien aufbewahrt, harrt es noch immer seiner Wiederentdeckung." (Fenske 2018)

Zum einen wird hier ein „Wir" im Gegensatz zu den „Anderen" aufgemacht – in diesem Falle wäre dies alles Nicht-Deutsche und mitunter die '68er. Zum anderen zeigt es den nationalen Bezugspunkt „Deutschtum", welchen die Menschen anscheinend vergessen haben zu empfinden und der das Eigene, die Tradition ausmacht. Hier wird auch die Bedeutsamkeit der Empfindung – Deutschsein hat eine emotionale Dimension, beispielsweise die „Vaterlandsliebe" – und die Relevanz „nachwachsende[r] Generationen" (ebd.) deutlich. Nach der Aussage Fenskes kann also die *Bibliothek des Konservatismus* als ein metapolitisches Projekt verstanden werden, das auf lange Sicht angelegt ist.

Durch das Weiterspinnen eines angeblich ur-deutschen Traditionsfadens werden bereits eingewobene Herrschaftsverhältnisse wie unter anderem Heteronormativität (Zwang zur Zweigeschlechtlichkeit und Heterosexualität) und völkischer Rassismus verstärkt. Dass diese direkten Bezugnahmen und Angriffe von (extrem) rechts auch als Reaktion auf verbuchte Erfolge gewertet werden können, greife ich gegen Ende (Kapitel 3.3.5) auf.

3.2 Herstellen

»Bei der Analyse neurechter Politik
darf man einen Kardinalfehler nicht machen:
den Schein für das Sein zu halten.
Denn es ist Teil neurechter Strategie, eigene Marginalitäten,
wo sie zu attestieren sind, nicht zuzugeben
und das eigene Handeln in der Öffentlichkeit
ausschließlich als Erfolg zu verkaufen.«
Salzborn 2017: 60

Das Festhalten an Althergebrachten oder an dem, was als Althergebrachtes verstanden wird, zeigt bereits auch einen schöpferischen Anteil. Unter der Überschrift *Herstellen* möchte ich weitere Strategien vorstellen, die etwas (meist im übertragenen Sinne) erschaffen. Sie lassen sich gut unter dem auch von Samuel Salzborn genannten Sprichwort „Mehr Schein als Sein“ zusammenfassen. Der Mechanismus ist denkbar simpel und effektiv: Wenn ich etwas Kleines groß darstelle, mich über etwas Nerviges ungeheuerlich aufrege, etwas Durchschnittliches in allen Höhen lobe, dann wird schnell das Kleine groß, das Nervige untragbar und das Durchschnittliche brillant. Es geht also ums Aufplustern in jegliche Richtung, ums Übertreiben. In vielen alltäglichen Situationen kommt die Übertreibung zum Einsatz: So wird beispielsweise im Beruflichen die eigene Arbeit etwas aufpoliert und das eigene Können etwas größer gemacht. In der *Bibliothek des Konservatismus* geht es aber über das alltägliche Maß an Übertreibung hinaus und verdient deswegen hier besondere Erwähnung. Zum einen ist der Grad der Übertreibung auffällig hoch, das heißt es wird nicht nur etwas aufgehübscht, sondern es wird so stark übertrieben, dass eine ganz neue Situation entsteht. Zum anderen sind die spezifisch (extrem) rechten Inhalte auffällig, die in der BdK nicht nur transportiert, sondern auch aufs Neue hergestellt werden.

3.2.1 Herstellung I: Die BdK als Ort der männlich-weißen Wissenschaft

Wofür steht eine Bibliothek? Was kann an Büchern denn schon so bedenklich sein? Eine Bibliothek ist erst mal ein Ort der Sammlung und Sortierung von Wissen, also ein Ort der Wissenschaft, der Aufklärung, der Objektivität. So weit, so falsch, so nah an dem, was ich als weitere diskursive Strategie verstehe: Die Erschaffung der *Bibliothek des Konservatismus* als Raum der objektiven Wissenschaft. Was genau das alles heißt und wie es funktioniert, lässt sich am einfachsten über verschiedene Ebenen verstehen: strukturell, personell, inhaltlich.

Strukturell meint hier die übergeordnete Ebene, also die Ebene der Bibliothek als Organisation. Zwar weist die Bezeichnung *Bibliothek* bereits darauf hin, dass es sich hier um die Zusammenstellung und Sortierung von Büchern handelt, doch muss dies auch immer wieder bekräftigt werden. Die bildliche Selbstdarstellung der Bibliothek ist dafür ein gutes Beispiel: So stehen die Referent:innen in den Video-Aufnahmen immer vor einer Wand voller in Leder gebundener, dicker Bücher. Diese Bücherwand erscheint seriös, beinahe überlegen. Menschen, die solch dicke Bücher schreiben, müssen etwas zu sagen haben, sind Intellektuelle und bestimmt sehr schlau. Die Referent:innen stellen sich nun räumlich vor diese Bücherwand und sich somit in Verbindung zu den dicken Büchern von den „großen Denkern“. Der schon erwähnte Kolumnist Alexander

Grau nimmt darauf direkt Bezug, indem er sagt: „[...] und nun endlich auch mal vor dieser wunderbaren Freiherr-von-Stein-Ausgabe zu stehen, die ich eigentlich bisher nur von *YouTube* kannte. Jetzt stehe ich also wirklich bei ihr“ (Grau 2018: 7:51). Außerdem wird die Bibliothek als räumlich sehr groß dargestellt: Sie wächst in den Veranstaltungsvorträgen und in den online publizierten Berichten zu einem Ort, an dem eine riesige Menge an Menschen zusammenkommen. Bibliotheksleiter Wolfgang Fenske sowie Sammlungsleiter Norman Gutschow betonen in den Begrüßungsworten immer wieder, wie viele Menschen den Weg in die BdK gefunden hätten – wahlweise ob des guten oder schlechten Wetters. Ausdrücklich wird auch das Anmeldeprozedere gerechtfertigt und sich dafür entschuldigt, dass nicht alle Anmeldungen akzeptiert werden konnten, da sie „überbucht“ (Gutschow bei Grau 2018: 1:04) seien. Die Größe des Ortes wird aber auch von den Referent:innen überhöht: Der bis 2019 an der *Technischen Universität Dresden* angestellte Professor für Politikwissenschaft Werner Patzelt (2016) etwa spricht von den „heiligen Hallen“ (ebd.: 2:39) und vergleicht die BdK so mit einer religiösen Stätte. Josef Kraus (2017), pensionierter Gymnasiallehrer und langjähriger Präsident des *Deutschen Lehrerverbands*, weckt Assoziationen zu alten, geheimnisvollen Bauten wie Burgen, indem er die BdK „Gemäuer“ (ebd.: 0:28) nennt. Angesichts des architektonisch modernen Geschäftshauses mit verspiegelter Glasfront irritieren diese Bezeichnungen. Auch die Größe der Räumlichkeit ist überschaubar und nicht, wie es beispielsweise auf den Bildern bei *YouTube* und *Facebook* aussieht, gigantisch. Auf dieser strukturellen Ebene gibt es noch einen dritten Punkt, über den versucht wird, die Bibliothek als seriösen Ort der Wissenschaft herzustellen: die Orientierung an einem universitären Rhythmus. Die BdK befindet sich zwar räumlich in unmittelbarer Nähe zur *Technischen Universität*

Berlin und zur *Universität der Künste*. Sie hat aber außer dieser, nicht unüberlegt getroffenen Ortswahl (Schwarz 2011), keinerlei institutionelle Verbindungen zu den Universitäten. Zwar gibt es in Teilen personelle Überschneidungen mit Universitätsprofessor:innen, wie beispielsweise Norbert Bolz, der an der *Technischen Universität Berlin* bis zu seiner Emeritierung lehrte und ebenfalls Vorträge in der BdK hält sowie an Veranstaltungen teilnimmt. Akademische Kooperationen hat die *Bibliothek des Konservatismus* jedoch als Spezialbibliothek (noch) nicht. Die Nähe zur Universität wird eher durch Sprache und Verhalten simuliert: Es finden beispielsweise „Seminare“ im Rhythmus von „Semestern“ in der BdK „für Schüler, Studenten und Jungakademiker“ (Bibliothek des Konservatismus 2020b) statt. Allein die Wortwahl zeigt bereits die Übernahme akademischen Vokabulars, womit die BdK vorgaukelt eine universitäre oder zumindest universitätsnahe Einrichtung zu sein.

Auf *personeller* Ebene, das heißt auf der Ebene der Referent:innen fällt auf, dass diese durchgängig zu Expert:innen gemacht werden: Entweder stellen sie sich selbst als Fachmenschen dar und/oder werden von den Bibliotheksangestellten als solche angerufen. Sehr deutlich wird dies beispielsweise im Vortrag von erwähntem Josef Kraus (2017), der sich gerne in Beziehung zu berühmten Politikern setzt. Ihm mangelt es dabei nicht an Selbstvertrauen, was ihn zu etwas peinlichen Äußerungen hinreißen lässt: „Wenn es einen Franz-Josef Strauß noch gäbe, dann würde er mich bestimmt in seinen imaginären Club der Freunde für klare Aussprache aufnehmen“ (ebd.: 4:11) oder „als Roman Herzog, mein Landsmann, [...]“ (ebd.: 38:06). Im weiteren Verlauf seines Vortrags erwähnt er, dass er 1995 „um ein Haar hessischer Kultusminister geworden“ wäre (ebd.: 1:04:59). Auch Philipp Bagus (2017), libertär eingestellter Professor für angewandte Wirtschaftswissenschaften in Madrid, meint, dass niemand Geringeres als Goethe, der wie so oft für deutsches Kulturgut herhalten muss, wohl gerne das Vorwort zu seinem Buch geschrieben hätte: „Goethe hätte unser Buch wahrscheinlich dann auch geliebt. Er hätte wahrscheinlich uns auch gerne ein Vorwort geschrieben“ (ebd.: 3:02). Selbst unangenehme Tatsachen werden im Nachhinein positiv umgedeutet. So berichtet der BdK-Referent Tilman Nagel (2015), emeritierter Islamwissenschaftler, der, wie ich später (v.a. Kapitel 3.3.3) zeigen werde, durch antimuslimische Aussagen auffällt, wie er von einer Konferenz ausgeschlossen wurde. Statt diesen Ausschluss als unangenehme Tatsache einfach zu übergehen, erwähnt er ihn beinahe stolz, da er seiner Ansicht nach „neben anderen kritischen Geistern“ (ebd.: 17:18) ausgeladen wurde. Nagel spielt hier auf die unter (extremen) Rechten verbreitete Vorstellung an, dass Kritik den (gesellschaftlichen) Ausschluss bedeute. Unabhängig von Anekdoten und dem eigenen Lebensweg strahlt aus den meisten Vorträgen eine Überschätzung gegenüber dem eigenen Werk. Werner Patzelt (2016) beispielsweise kündigt hochtrabend „unorthodoxe Thesen“ (ebd.: 20:35) an. Diese Thesen sind aber nicht nur wenig unorthodox, sondern teilweise so banal, dass sie kaum als Thesen bezeichnet werden können – etwa: „PEGIDA ist nichts Homogenes“ (ebd.: 21:04). Eine andere Referentin in der *Bibliothek des Konservatismus*, Vera Lengsfeld, ist Initiatorin der im März 2018 veröffentlichten *Gemeinsamen Erklärung.* Auch dieser Name ist eine starke Übertreibung, sind es doch nur zwei Sätze in Verbindung mit einem Foto. Der Begriff *Erklärung* dagegen erinnert eher an einen umfangreichen Text. In ihrem Vortrag betont Lengsfeld (2014), überzeugt von sich selbst, die Bedeutsamkeit ihres Buches *1989: Tagebuch der Friedlichen Revolution – 1. Januar bis 31. Dezember innerhalb einer deutsch-deutschen Diskussion*:

> „Als ich gesehen habe, was da so gesprochen und gesendet wurde, ist mir noch mal klar geworden, wie wichtig das Buch war, das ich geschrieben habe, denn also auch in diesen Sendungen war niemals richtig für die Zuschauer klar geworden, wie sich das eigentlich zum Herbst 1989 hin entwickelt hat." (ebd.: 1:05)

Auf *inhaltlicher* Ebene fällt in den Vorträgen einerseits auf, wie sich auf Wahrheit, Wissen und Objektivität bezogen wird, also auf das Faktische, das Rationale. So führt die Vorsitzende der AfD-nahen *Desiderius-Erasmus-Stiftung* Erika Steinbach (2017) aus:

> „Bibliothek des Konservatismus – gefällt mir der Name, wo ich sage konservativ, eigentlich ist das immer eine Sache der Vernunft! Jeder, der vernunftbegabt ist, der ist eigentlich auch konservativ, weil man sagt, man wirft etwas nur dann weg, wenn man was wirklich Besseres dafür als Ersatz hat." (ebd.: 0:26)

Andererseits wird das Faktische bei genauerem Hinsehen häufig zum Post-Faktischen, also zu Behauptungen, die nicht mehr belegt werden müssen, weil sie über andere Mechanismen wie Emotionen funktionieren und auf diesem Weg für viele Menschen gültig werden. Das wird auch durch Argumentationen wie „der gesunde Menschenverstand" deutlich, die zwar auf den Verstand anspielen, aber diesen eben nicht belegen. Um als seriöse Bibliothek gesellschaftlich wahrgenommen zu werden und somit als (extrem) rechte Denkfabrik Einfluss zu gewinnen, sind diese vermeintlichen Bezugnahmen auf Wissenschaft von Vorteil. So wird auf wissenschaftliche Standards verwiesen, die dann aber nicht eingehalten werden. Zum Beispiel nennt Mechthild Löhr (2013), CDU-Politikerin und Aktivistin in der „Lebensschutz"-Bewegung, „Quellen" wie Google-

Suchergebnisse, welche „die ganze Wahrheit“ (ebd.: 18:06) über die Folgen von Schwangerschaftsabbrüchen „oder egal was auch immer“ (ebd.: 18:02) aufzeigen. Auch Josef Kraus (2017) meint, dass er schon empirische Belege für seine Aussagen bringen könnte. Aber das wolle er sich (und dem Publikum) lieber ersparen, weil es ihm bestimmt glaube (ebd.: 31:19). Er bezieht sich folglich auf das Faktische – die empirischen Belege – verwirft aber die Notwendigkeit einer Präsentation der Belege. Ganz in post-faktischer Manier kann er sich auf den Glauben der Zuhörer:innen verlassen. Hier wird erneut deutlich, dass es sich bei der *Bibliothek des Konservatismus* mehr um einen politischen Knotenpunkt für (extrem) rechte Akteur:innen handelt als um einen Ort der kritischen Debatte wissenschaftlicher Themen.

Die Sprachwissenschaftlerin Ruth Wodak (2016) fasst dies unter dem Konzept „Arroganz der Ignoranz“ (ebd.: 42) zusammen: (Extrem) rechte Akteur:innen ignorieren Untersuchungen oder Berichte, die eine gegenteilige Aussage haben. Diese Ignoranz wird durch Selbstverliebtheit geschmückt. Überhöhungen des Ortes, in dem sich die Veranstaltungen abspielen, sind ebenfalls Teil dieser „Arroganz der Ignoranz“. Der Effekt all dieser Praktiken liegt auf der Hand: Auf unterschiedlichen Ebenen wird versucht einen seriösen (extrem) rechten Wissenschaftsbestand zu erschaffen. Das kann potenziell, neben wissenschaftlicher Anerkennung und Prestige, auch ökonomische Vorteile mit sich bringen, beispielsweise durch eine mögliche staatliche Finanzierung von Projekten o.ä.. Außerdem können durch die Installierung und Normalisierung (extrem) rechten Denkens gesamtgesellschaftliche Diskurse beeinflusst und verschoben werden. Doch halten viele der Aussagen, wie beschrieben, einer genaueren Betrachtung nicht stand. Auch steht das ideologische Gerüst – die *Konservative Revolution* – auf einem wackeligen Fundament, da es sich um eine, insbesondere durch Armin Mohlers Dissertation erfundene Legende handelt (Weiß 2017: 44ff). Ähnlich erscheint der Theorieapparat, auf den sich Referent:innen stützen, bescheiden: Namen wie Ernst Jünger, Ernst Nolte, Carl Schmitt und Botho Strauß bilden eine kleine Gruppe (extrem) rechter Intellektueller, die immer wieder erwähnt werden. Auch mit Blick auf den Newsletter *Agenda* wird deutlich, dass es zu massiven Dopplungen kommt: Ein Buch wird rezensiert, dann kommt die Veranstaltungsankündigung mit ähnlichem Text und schließlich der Bericht über die Veranstaltung, manchmal noch ein Interview oder Auszug aus dem Buch. Dies meint nun nicht, dass es mit Auslachen getan wäre, denn schließlich funktionieren diese Praktiken ja (in Teilen). Es ist aber für die kritische Analyse, gerade von sogenannten (extrem) rechten Intellektuellen, wichtig nicht am selbst erschaffenen Mythos mitzuarbeiten, also die Bibliothek oder andere (extrem) rechte Organisationen nicht größer zu machen als sie sind.

Viele Analysen enden hier: Die mangelnde Intellektualität und die fehlenden objektiven Fakten sind entlarvt. Dem objektiv Falschen wird etwas vermeintlich objektiv Richtiges entgegengestellt. Ich möchte aber einen Schritt weiter gehen und auch diese Form von Wissenschaft, die sich auf Objektivität stützt, hinterfragen. Auf diesen Gedanken bin nicht ich gekommen, sondern eine Reihe postkolonialer und feministischer Theoretiker:innen, beispielsweise die Soziologin Patricia Hill Collins (2000: 251). Sie betont, dass die Erfahrungen Schwarzer Frauen und afroamerikanischer Frauen aufgrund diskriminierender Strukturen verzerrt oder komplett ausgeschlossen wurden aus dem, was Wissen heißt. Eine andere feministische Wissenschaftlerin ist Donna Haraway. Sie hat im Gegensatz zur objektiven, neutralen und wertfreien Vorstellung von Wissenschaft das Konzept des *Situated Knowledge* (dt. *Situiertes Wissen*, 1988) entwickelt. *Situated Knowledge* meint, dass es kein neutrales Wissen geben kann, sondern dass immer auch der Kontext, in dem Wissenschaft praktiziert wird, und somit auch die Person, die forscht, mit in die Analyse einbezogen und reflektiert werden muss. So ist mein Denken und Schreiben bei Weitem nicht ausschließlich, aber eben auch von Erfahrungen einer weiblichen Sozialisation geprägt. Es macht einen Unterschied, ob ich als weiße Person ein Interview führe oder ob sich die interviewende Person als Schwarz positioniert, ob sie Kippa, Hijab oder Kreuz trägt, ob sie die Sprache des Interviews als Erstsprache gelernt hat, im Rollstuhl sitzt oder beides nicht, zwanzig Jahre alt und trans*weiblich oder Ende sechzig und cis-männlich ist. Dieses Gedankenspiel lässt sich in allen möglichen Varianten durchspielen, verweigert sich aber gleichzeitig einer einfachen „wenn A, dann B"-Schematisierung. Deutlich wird hierbei vielmehr, dass der Kontext eine Rolle spielt, die Art, wie ich Fragen stelle, wen ich frage, wie ich auf mein Gegenüber wirke, und so weiter. All das hat Auswirkungen auf meine Ergebnisse, sei es in der Biologie oder in der Sozialwissenschaft. Dies heißt aber nicht, dass die Wissenschaft jetzt einpacken kann oder dass wissenschaftliche Standards unwichtig wären – im Gegenteil: Transparenz und Nachvollziehbarkeit der Forschungsergebnisse werden meist viel intensiver verfolgt, wenn der spezifische Kontext der Forschung mitbedacht wird, als wenn die Forschung von Anfang an meint, objektiv und neutral zu sein. Die Geschlechterforschung sowie post- und dekoloniale Kritiken haben außerdem auch die starren Trennungen in „entweder-oder" kritisiert. Diese Praktik, die mir in der Analyse vielfach begegnet ist, habe ich schon im Kapitel 3.1.1 zum „Freund-Feind-Denken" erwähnt. Die (extreme) Rechte betreibt dieses Muster sehr häufig und in einer ausgeprägten Form. Doch auch außerhalb der (extremen) Rechten ist diese Zweiteilung zu finden – sie bestimmt das dominante europäische Denken seit der Aufklärung.

Um in der Manege der Deutungskämpfe zu gewinnen oder wenigstens standzuhalten, reicht es meines Erachtens nicht, der (extrem) rechten Wahrheit eine andere, ebenfalls objektive Wahrheit entgegenzusetzen. Es reicht nicht, nur die Brüche und Widersprüchlichkeiten aufzuzeigen, auch wenn das ein Anfang ist. Es sollte vielmehr auch darum gehen die Logik dahinter zu kritisieren, die überhaupt den Anspruch auf die einzige Wahrheit, auf objektives Wissen erhebt. Dadurch wird die Analyse nicht nur dichter – sie umgeht auch die Gefahr der Entpolitisierung, die häufig durch bloßes Dagegenhalten vermeintlich objektiver Fakten entsteht und der anfänglichen politischen Setzung nicht gerecht wird.

3.2.2 Herstellung II: Deutschland in Gefahr

An der Schwelle zu Praktiken der Veränderung steht nun die zweite Herstellungspraktik, die ich mit *Deutschland in Gefahr* überschrieben habe. Denn bevor etwas verändert werden kann, muss Menschen ja überhaupt zum einen die Gefahr, zum anderen die Dringlichkeit der gegenwärtigen Missstände bewusst werden. Diese „5-vor-12-Rhetorik" wird häufig in der *Bibliothek des Konservatismus* benutzt. Sie stellt den Ausnahmezustand, das Katastrophenszenario her, macht Angst und verbreitet Panik. Dieses Szenario wird nicht nur von den Vortragenden hergestellt, sondern auch von den Bibliotheksmitarbeitern. So spricht Wolfgang Fenske in der Anmoderation von Erich Weedes Vortrag[17] mit dem Titel *Sozialstaat und Massenmigration. Kulturgemeinschaften unter Druck* von der „Dramatik“ (Fenske bei Weede 2015: 1:23), die dieses Thema entwickelt habe:

> „Ich glaube niemand von uns hätte noch vor Monaten gedacht, dass wir uns hier unter solchen Umständen, wie wir sie mittlerweile vorfinden, versammeln würden und diese Frage, die damals noch recht abstrakt im Raume stand, doch nun sehr konkret und sehr ernsthaft diskutieren müssen.“ (ebd.: 1:25)

Sprachwissenschaftlich konnte ich besonders drei verschiedene rhetorische Wege erkennen, über die solch eine Bedrohung hergestellt wird: Wortneuschöpfungen (Neologismen), Naturbilder und zahlenmäßige Übertreibungen. *Wortneuschöpfungen* kommen dabei auffällig häufig aus den Bereichen Krankheit und Tierwelt. So spricht Josef Kraus (2017) in seiner Analyse der Bildungspolitik von „Pisatesteritis und Evaluationitis und weiß der Teufel, was es alles gibt“ (ebd.: 44:32). Das Bildungssystem sei also erkrankt vor lauter Pisatests und Evaluationen. Der Literaturwissenschaftler und Autor in verschiedenen (extrem) rechten Blättern Günter Scholdt (2018) berichtet von Widerstand, der sich gegen die Bibliothek richtet und bezeichnet Antifa-Gruppierungen als „Antifanten und ähnliche[r] Spezies“ (ebd.: 4:25). Er entmenschlicht sie somit und erklärt sie zu

[17] Der Vortrag von Erich Weede (2015) sticht aufgrund seines sehr unvermittelten, rassentheoretischen (vergleichbar mit dem 18./19. Jahrhundert) und biologistischen Rassismus hervor: So warnt er vor der Migration aus „Afrika“, weil er Sorge darum habe, dass es künftig zu viele Schwarze Kinder geben werde (ebd.: 9:57). Er bezieht sich somit auf eine völkische Vorstellung von Deutschland, nach der nicht die nationale Staatsbürgerschaft, sondern das völkische Zugehörigkeitsgefühl (inklusive Weiß-Sein und Christentum) Deutsch-Sein definiert (ebd.: 10:23).

einer eigenen Spezies, was an rassifizierende Logiken erinnert. Sowohl Kraus, als auch Scholdt gebrauchen die Worte in einer eher belächelnden und witzelnden Art. Diese Überheblichkeit schließt also eher an die „Arroganz der Ignoranz" (Kapitel 3.2.1) an, als an die Vorstellung Deutschland befände sich im Verteidigungsfall. Letzterer Funktion geht die in Kapitel 2.3 ausführlicher vorgestellte Susanne Kablitz (2015) nach, indem sie den Begriff Raubtierkapitalismus stark verschiebt und auf den „Raubtiersozialismus" (ebd.: 19:14) schimpft. In Anspielung auf die Tierwelt bezeichnet Philipp Bagus (2017) Länder metaphorisch als „wilde Tiger" oder als „zahme Kaninchen" (ebd.: 20:02), die allesamt aber noch nichts gegen das „Brüsseler Bürokratiemonster" (ebd.: 38:30) anrichten könnten. Wenn selbst alle Tiger und Kaninchen dieser Welt vereinigt nichts gegen ein Monster anrichten können, so wird die Brüsseler EU zur absoluten Übermacht und zeigt Elemente von Verschwörungsdenken (Kapitel 3.3.3).

Die Germanistin Derya Gür-Şeker (2019: 91f) hat festgestellt, dass in rassistischen Reden insbesondere von rechten Frauen das Element Wasser eine wichtige Rolle spielt und dabei fast immer negativ besetzt ist. So auch in der *Bibliothek des Konservatismus* mit Blick auf *Naturbilder*: Die Literaturwissenschaftlerin und Unternehmensberaterin Gertrud Höhler (2016) spricht von der „hochverwundeten EU [...], während Menschen anfluten, die eine Mischung von Wirtschaftsflüchtlingen, Kriegsflüchtlingen und eben auch jungen, hoffnungsfrohen Männern sind" (ebd.: 34:35). Abgesehen davon, dass die EU eher einer Festung als einer Wunde ähnelt, unterstehen geflüchtete Menschen auch nach Grenzübertritt einer permanenten staatlichen Kontrolle – sie sind mitnichten eine überraschende Flutkatastrophe oder Tsunami-Welle. Die angeblich aus

Flucht- und Migrationsbewegungen entstehende Dramatik für Deutschland beschreibt der emeritierte Professor für Politikwissenschaft Erich Weede (2015): „Dann kriegen wir eine riesige Arbeitslosigkeit. Dann kriegen wir eine politische Instabilität in unserem Land. Dann kriegen wir mehr und mehr ‚No-Go-Areas' in den deutschen Großstädten" (ebd.: 1:36:05). Hier offenbart sich einmal mehr die rassistische Haltung Weedes. Außerdem zeichnet er plastisch den Untergang Deutschlands nach, der angeblich durch geflüchtete Menschen verursacht wird.

Das dritte rhetorische Mittel sind die *zahlenmäßigen Übertreibungen.* Der ehemalige Polizist und bis 2017 AfD-Lokalpolitiker Karsten Dustin Hoffmann (2014) warnt in der Bibliothek vor den „30.000 Personen bundesweit, die ich mit zur militanten Linken zähle" (ebd.: 9:08). Die Abtreibungsgegnerin Mechthild Löhr (2013) meint, dass es in Deutschland „einen höheren zweistelligen [...] Millionenkreis von Betroffenen" (ebd.: 7:25) von Schwangerschaftsabbrüchen gebe und meint damit alle Beteiligten, die von einer Abtreibung erfahren. Und Erika Steinbach (2017) verbessert sich, wenn sie von den Vertriebenen nach dem 8. Mai 1945 erzählt: „zig Tausend[e] Zeitzeugenberichte sprechen im Bundesarchiv eine beklemmende Sprache, eigentlich Millionen Zeitzeugenberichte" (ebd.: 2:22). All diese Zahlen sind maßlos übertrieben. Gerade im gesprochenen Wort werden sie aber mitunter nicht hinterfragt, schüren stattdessen Angst und Bedrohungsgefühle.

Wie ich gezeigt habe, werden durch die Vorstellung, dass sich Deutschland im Verteidigungsfall befände, bestehende Machtverhältnisse wiederholt und verschärft. Durch die Herstellung von Katastrophenszenarien wird Angst geschürt und Hass gesät. Die vermeintliche Dringlichkeit legitimiert (extrem) rechte Hetze sowie autoritärere Maßnahmen und nimmt auf diese Weise Einfluss auf die Verschiebung der Grenzen des Sagbaren. Deutschland befände sich in Gefahr – somit wird zum einen die Notwendigkeit einer Verteidigung konstruiert. Zum anderen, und hier zeigt sich der Übergang zu Praktiken des Veränderns, wird Tatendrang aktiviert: Das Publikum wird zum Handeln animiert.

3.3 Verändern

»Wie oft, wie ungezählt oft
haben sich Dieter Stein und seine Mitarbeiter erklärt,
haben sich gerechtfertigt und haben dennoch auf Granit gebissen;
sind öffentlich brüskiert, beleidigt,
ja persönlich und tätlich angegriffen worden.
Hut ab vor diesem Durchhaltevermögen, vor der Souveränität,
mit der all diese Angriffe bis heute gemeistert wurden.«
Kositza 2009: 3:12

Die Fährte hin zu Prozessen der Veränderung ist nun gelegt. Das vorangestellte Zitat bietet bereits einen ersten Einblick in die folgenden Praktiken: So legt die Journalistin verschiedener (extrem) rechter Zeitschriften Ellen Kositza (Realname: Ellen Kubitschek) ihre Sicht auf die Wirklichkeit dar, indem sie das Bild der fälschlicherweise verschmähten (extremen) Rechten bedient. Im gleichen Atemzug lobt sie den Mut und die Kraft von Personen wie Dieter Stein, Chefredakteur der *Jungen Freiheit* und Vorsitzender der *Förderstiftung Konservative Bildung und Forschung*, über welche die BdK läuft. Auf diese Weise macht sie Akteur:innen, von denen (extrem) rechte, also menschenverachtende Ideologie ausgeht, zu Opfern. Kositza versucht somit dominante Erzählungen zu verändern: Anstelle derer, die von (extrem) rechter Gewalt betroffen sind und/oder sich dieser in den Weg stellen, sind nun diejenigen, von denen Gewalt ausgeht, die Opfer.

Die Frage nach der Verschiebung von Sagbarkeitsgrenzen beinhaltet ja bereits die Frage nach Veränderung. Somit möchte ich nun unterschiedliche Strategien vorstellen, die andere Erzählungen hervorbringen. Mit Blick auf die *Bibliothek des Konservatismus* fällt auf, wie etwa durch die Relativierung vergangener Ereignisse versucht wird, eine andere Geschichtsschreibung zu festigen. Darauf aufbauend wird probiert die Gegenwart und Zukunft umzugestalten und zu verändern. Hier wirken verändernde, zerstörerische und rebellische Mechanismen zusammen. Auffällig ist, so viel möchte ich vorwegnehmen, dass dies das umfangreichste Kapitel ist. Meiner Analyse nach liegt hier das – beabsichtigte oder unbeabsichtigte – Augenmerk der Akteur:innen in der BdK.

3.3.1 „Ich habe ja nichts gegen xy, aber“ – Andeutungen, (Miss-)Verständnisse und „Ja, aber“-Rhetorik

Andeutungen sind eine praktische Sache: Es können Dinge gesagt werden, die gar nicht ausgesprochen werden müssen. So magisch wie es klingt, ist es allerdings gar nicht. Es braucht vor allem ein Publikum, das die Andeutungen versteht und die Interpretationsleistung vollzieht. Auf der interaktionistischen Ebene, also auf der Ebene der Handlungen zwischen Referent:in und Publikum, schafft dieser Prozess ein Gefühl von Gemeinschaft: Die vortragende Person macht eine Andeutung. Das Publikum versteht diese Andeutung und zeigt dies beispielsweise durch Lachen. Die vortragende Person wiederum fühlt sich verstanden. Es entsteht ein gemeinsamer Interpretationsraum; ein Gefühl von Gemeinschaft und (intellektueller) Nähe wird erzeugt. Dies funktioniert auch, wenn die Lücken von den einzelnen Zuhörer:innen unterschiedlich gefüllt werden, wenn also die Einzelpersonen unterschiedliche Dinge verstehen, grundsätzlich aber den Redner:innen zustimmen. Somit kann – wie praktisch – auch ein ideologisch breit aufgestelltes Publikum angesprochen werden. Andeutungen ermöglichen aber auch Schutz. Wird beispielsweise die menschenverachtende Rhetorik hinterfragt, können sich Redner:innen hinter den Andeutungen verstecken: „So war das aber nicht gemeint. Das haben Sie falsch verstanden. Oh, das war wohl ein Missverständnis." Diese (gezielte) Flucht in Missverständnisse ist durch Andeutungen geebnet. Mit der Formulierung *(Miss-)Verständnis* versuche ich die Gleichzeitigkeit von Verständnis und Missverständnis abzubilden.

Eng damit verwandt ist die *„Ja, aber"-Rhetorik.* Zunächst wird Zustimmung („Ja") geheuchelt, die im Nebensatz („aber") rückgängig gemacht wird. Gerade im Kontext rassistischer Äußerungen sind im Deutschen die Sätze: „Ich habe ja nichts gegen xy, aber" oder auch „Meine besten Freunde sind ..., aber" sehr beliebt. Durch die Vorrede wird versucht sich abzusichern, um darauf dennoch rassistische oder anderweitig menschenverachtende Aussagen zu tätigen. Dem Gegenüber wird versucht die Argumentationsgrundlage für Kritik zu nehmen, denn schließlich hat die Person ja nichts gegen xy.

Durch meine Beispiele aus der *Bibliothek des Konservatismus* werden diese zwei Strategien klarer: Der Islamwissenschaftler und emeritierte Professor Tilman Nagel bezieht sich in seinem Vortrag auf einen muslimischen Intellektuellen. Er äußert dann, dass vermutet wird, der Gelehrte sei Angehöriger der Muslimbrüder. Gleich darauf schiebt er den Satz nach, dass dies ja auch irrelevant sei (Nagel 2015: 27:08). Wenn es wirklich irrelevant wäre, hätte Nagel dies wahrscheinlich nicht erwähnt. Außerdem handelt es sich hier nicht um irgendeine Vermutung; Nagels Andeutung stützt seine These, dass muslimische Gelehrte fundamentalistisch handelten oder zumindest mit fundamentalistisch eingestellten Personen kooperierten. Im Sinne des (Miss-)Verständnisses, so meine Interpretation, ist diese Information nicht versehentlich erwähnt worden. Auch Erika Steinbach, Vorsitzende der AfD-nahen *Desiderius-Erasmus-Stiftung*, reagiert auf die rhetorische Frage aus dem Publikum, was das noch für eine Republik sei – gemeint ist Deutschland – mit der Andeutung: „Es gibt ja so einen schönen Satz auf eine Frucht bezogen... Ich verkneife es mir“ (Steinbach 2017: 57:51). Nach Gelächter aus dem Publikum, also nach Bestätigung ihrer Andeutung, äußert sie dann doch die kolonial-rassistische Bezeichnung „Bananenrepublik, ja!“ (ebd.) und macht einzig und allein Angela Merkel dafür verantwortlich.

Die bereits erwähnte Abtreibungsgegnerin Sophia Kuby bedient sich ebenfalls dieser Praktik. Genannte Radiosendung, die Mitschnitte ihres Vortrags in der BdK beinhaltet, trägt den Titel *Es geht nicht um die Diskriminierung von Homosexuellen* (Kuby 2014). Kuby räumt darin scheinbar tolerant ein: „Sicherlich können sich auch zwei Männer oder zwei Frauen ehrlich und aufrichtig und auch, wenn auch statistisch sehr selten, dauerhaft lieben“ (ebd.:

1:30). Der Nebensatz, der sich auf (angebliche) Statistiken beruft und somit Objektivität verspricht, beinhaltet bereits die heteronormative Annahme einer vermeintlichen Seltenheit langfristiger homosexueller Beziehungen. Dabei blendet Kuby aus, dass die Möglichkeit auch heterosexuelle Beziehungen zu beenden, ein Erfolg feministischer Kämpfe ist. Wie der Titel des Beitrags, so auch dieser Satz folgen dem Muster: „Ich habe ja nichts gegen Homosexuelle, aber ...“. Dieses *Aber* entpuppt das Vorangegangene als Täuschung mit verschwörungsideologischen Elementen[18]: „In Wirklichkeit geht es also nicht um die Beseitigung irgendeiner Diskriminierung oder eines Verbots, sondern um die Änderung des Ehebegriffs, also um die Frage, was Ehe sein soll“ (Kuby 2014: 3:07). Dies beinhalte einen „Wandel der Zivilisation in der Frage, wie es um Ehe und Familie bestellt ist. Allerdings handelt es sich um einen Wandel, der von einem erheblichen Teil der Bevölkerung nicht gewünscht wird“ (ebd.: 0:35). Die Leugnung, dass es sich bei der „Ehe für alle“ um eine Gleichstellung nicht-heterosexueller Paare handelt und die Andeutung, dass „[i]n Wirklichkeit“ (ebd.: 3:07) etwas anderes dahinter stehe, lenkt davon ab, worum es in erster Linie bei der Ehe für gleichgeschlechtliche Paare geht – nämlich um den Abbau von Diskriminierung gleichgeschlechtlicher Paare auf juristischer Ebene. Genau diesen Abbau von Diskriminierung nennt Kuby „Wandel der Zivilisation“ (ebd.: 0:35) – durch ihren dramatisierenden Tonfall legt sie die Interpretation nahe, es ginge nicht bloß um einen Wandel, sondern um den *Untergang* der Zivilisation, dem sie sich mutig entgegenstellt. Unabhängig davon stimmt ihre Aussage

---

[18] Verschwörungsdenken wird vor allem durch die Aussagen des Radiomoderators Oliver Jeske deutlich, der über „bestimmte[] Lobbygruppen“ (Kuby 2014: 0:18) und „Genderlobbyisten“ (ebd.: 2:22) phantasiert.

absolut nicht mit Umfrageergebnissen[19] überein, die zeigen, dass ein Großteil der deutschen Bevölkerung die Gleichstellung homosexueller Paare bei der Eheschließung befürwortet. Beim Zusammensetzen der Puzzle-Stücke wird schließlich deutlich, dass es Kuby eben doch um die Diskriminierung homosexueller Menschen geht, denn eine Gleichstellung lehnt sie ab.

Wie zu Beginn dieses Unterkapitels beschrieben, sind Andeutungen und „Ja, aber"-Rhetorik praktische diskursive Interventionen: Unterschiedlich radikale Menschen fühlen sich gleichzeitig angesprochen und verstanden – das Gemeinschaftsgefühl wächst über Strömungsgrenzen hinweg. Andeutungen können außerdem vor juristischer Strafverfolgung bewahren, beispielsweise über (Miss-)Verständnisse, und wirken verändernd auf gesellschaftliche Diskurse ein.

3.3.2 „Das war doch ganz anders" – Täter:in-Opfer-Umkehr, Relativierung und Leugnung

Die Umkehr von Täter:innen zu Opfern oder auch von Opfern zu Täter:innen ist eine gängige Praktik in von Macht- und Herrschaftsverhältnissen durchtränkten Kontexten. In Debatten um Vergewaltigungen lässt sich dies häufig beobachten: Die eigene Tat wird relativiert, indem die Zustimmung der betroffenen Person behauptet wird – „Du wolltest es doch auch" – und/oder indem die Aussage

---

[19] Eine von der Antidiskriminierungsstelle des Bundes (2017: 11) herausgegebene bevölkerungsrepräsentative Studie kam zu dem Ergebnis, dass 82,6 Prozent der deutschen Bevölkerung die Öffnung der Ehe für homosexuelle Paare „eher" oder „voll und ganz" zustimmten.

der betroffenen Person als Lüge hingestellt wird. Vor allem Frauen wird dabei unterstellt, sie wollten den Ruf der beschuldigten Person schädigen, sie wollten Rufmord begehen. Auf diese Weise machen sich die meist, aber nicht ausschließlich, männlichen Täter selbst zu Opfern eines Komplotts. Indem die Betroffenen als eigentliche Täter:innen dargestellt werden, wird die eigene Verantwortung oder auch Schuld an der Tat ausgeblendet und abgewehrt. Insbesondere drei Mechanismen erleichtern diese Umkehr und die mit ihr verwandten Strategien der Relativierung und Leugnung: Entweder werden erstens Teile eines Geschehens komplett ausgeblendet und somit unvollständig erzählt. Oder es werden zweitens Dinge verglichen, die nicht miteinander vergleichbar sind – die sprichwörtlichen Äpfel und Birnen – und dadurch relativiert. Alternativ werden drittens belegte Informationen einfach geleugnet.

Konkret lässt sich die Verkehrung von Täter:innen zu Betroffenen (beziehungsweise andersherum) im Vortrag des Politikwissenschaftlers Werner Patzelt (2016) finden. Er betont, dass nur ein kleiner Teil (19 Prozent) der Anhänger:innen von PEGIDA „Rechtsradikale [seien], darunter fünf Prozent klare Rechtsextremisten" (Patzelt 2016: 32:08).[20] Außerdem sei das „dominante Motiv [der PEGIDA-Anhänger:innen, Anm. L.H.] Unzufriedenheit mit Deutschlands Demokratie", nicht etwa „Rassismus, [...] Hass auf

[20] Die von Patzelt vorgelegte Unterscheidung von Rechts*radikalen* und Rechts*extremisten* erweist sich als unzureichend, weil zum einen die Grenzen zwischen Rechtsextremismus und des vermeintlich abgeschwächten Rechtsradikalismus verschwimmen. Zum anderen wird durch die Übernahme des Vokabulars der aktuell geltenden Verfassungsordnung Wissenschaft unter Kriterien von Politik gestellt. Samuel Salzborn (2015) kommt zu dem Schluss, dass dies zu einem „doppelte[n] Tanz auf rohen Eiern" (ebd.: 17) führt.

Ausländer, [...] Hass auf den Islam" (Patzelt 2016: 43:42). Daraus folgend sieht Patzelt als oberste Priorität im Umgang mit PEGIDA das „Ernstnehmen, was an Sorgen und Anliegen hinter den [...] Aussagen von PEGIDA-Demonstranten liegt" (ebd.: 1:07:11). Durch das geforderte Ernstnehmen der (vermeintlichen) Sorgen wird PEGIDA-Demonstrant:innen eine untergeordnete und zu wenig gehörte Stellung im gesellschaftlichen Diskurs zugesprochen – sie werden folglich zu Opfern gemacht, die fälschlicherweise für (extreme) Rechte gehalten werden würden. Die Sozialwissenschaftlerin Naika Foroutan (2016) zeigt, wie im scheinbar wertneutralen Sprechen über die Sorgen von PEGIDA-Demonstrant:innen auch eine Relativierung mitschwingt:

> „Es erscheint als Hohn und moralische Verwahrlosung, wenn die Angst vor Überfremdung, die nicht auf empirischen Realitäten fußt den aus Armut und Not Geflüchteten als gleichwertige Sorge gegenübergestellt wird – zur Erinnerung: in Ostdeutschland leben weniger als 5% der in Deutschland lebenden ‚Menschen mit Migrationshintergrund'. [...] Ernsthafter wäre es zu sagen ‚diese Paranoia müssen wir ernst nehmen' und lösungsorientierter wäre es zu sagen, ‚diese Ressentiments müssen wir ernst nehmen'. Das Ernstnehmen von Überfremdungsängsten hingegen kommt einer Relativierung der vergangenen Opfer und der Menschen, die durch die Rhetorik der Rechtspopulisten derzeit bedroht und abgewertet werden, gleich." (Foroutan 2016: 104)

Zusätzlich belegen Untersuchungen (beispielsweise Weiß 2017: 136ff) die engen Verbindungen von PEGIDA zu organisierten (extrem) rechten Hooligan- und Nazi-Szenen. Gemeinsam mit den eindeutig rassistischen Parolen und Inhalten der PEGIDA-Demonstrierenden ist es lächerlich, dies auf fünf oder auch 19 Prozent der Demonstrierenden abzuwälzen. Es lässt sich eine Umkehr von Täter:innen zu Opfern beziehungsweise von Betroffenen von Gewalt zu Gewaltausübenden erkennen. Konkret bedeutet das: Aus Rassist:innen werden so Opfer einer vermeintlich linken Gesinnungsdiktatur und aus Menschen, die vor Not und Armut fliehen, Täter:innen. Die damit verwandte Relativierung ist indirekt Teil der Aussagen.

Relativierung muss nicht im Indirekten verbleiben, sondern kann auch sehr direkt werden, wie das folgende Beispiel zeigt. Erika Steinbach war kurz nach ihrem Austritt aus der CDU/CSU-Bundestagsfraktion am 27. April 2017 als Referentin zu Gast in der *Bibliothek des Konservatismus*. In ihrem Vortrag spricht sich die langjährige Präsidentin des *Bundes der Vertriebenen* und heutige Vorsitzende der AfD-nahen *Desiderius-Erasmus-Stiftung* gegen das Gedenken des 8. Mai 1945 als Tag der *Befreiung* aus. Dies sei mit Blick auf die Vertriebenen „Hohn“ (Steinbach 2017: 14:50). Ich möchte hier nicht in Frage stellen, dass es nach Kriegsende zu Gewalt kam und dass Menschen fliehen mussten – das wäre naiv. Stattdessen interessiert mich die Gewichtung, die Steinbach den nach Kriegsende vertriebenen beziehungsweise fliehenden Deutschen beimisst. So betont sie gleich zu Beginn ihres Vortrags: „Theresienstadt war auch nach dem 8. Mai ein Ort des Schreckens. Theresienstadt war auch nach Hitler grausam und tödlich so wie Hunderte andere Lager und Orte“ (ebd.: 1:58). Die Spezifik der NS-Massenvernichtung verschwindet durch solche Aussagen. Der Historiker Erich Später bezeichnet im Interview genau dies als Leistung Steinbachs: „Der Zweite Weltkrieg verliert seinen historischen Ort; er wird zu einem

Ereignis unter vielen in einer Kette von weltgeschichtlichen Verhängnissen. Der Massenmord an den Juden versinkt im Meer der Geschichte" (Später interviewt von Hans-Hermann Kotte 2010). Rhetorisch erscheint Steinbach als Meisterin der Relativierung, schafft sie es doch eben diesen Vorwurf vorwegzunehmen und etwaige Kritik im Vorfeld scheinbar unmöglich zu machen: „Angst vor Relativierung der Opfer des Nationalsozialismus braucht aber wirklich niemand zu haben. Relativiert wurden und werden aber die Schicksale danach folgender Opfer bis heute" (Steinbach 2017: 21:44). Erst bei genauem Hinsehen wird die Verdrehung dieses Zitats deutlich: Erika Steinbach setzt im Sprechen über Relativierung die Opfer des deutschen Nationalsozialismus mit allen späteren Opfern gleich und erwähnt eben nicht die Spezifik des deutschen Faschismus. Dieser schmale Grat zwischen Benennung und Relativierung wird auch an Steinbachs Bewertung des Nationalsozialismus deutlich:

> „Wir alle wissen und wir reflektieren es auch immer wieder – und mit gutem Grund: Dem Schicksal der Vertriebenen ging Grauenhaftes voraus. Auschwitz wurde zum Synonym dafür. Ja, Hitler hat die Büchse der Pandora geöffnet. Und mit dem Einmarsch in Polen begann er einen unmenschlichen Krieg und mit seiner Rassenpolitik riss er zunächst in Deutschland und dann in Europa alle humanen Schranken nieder. [...] Und ich glaube es geht jedem so, mir jedenfalls, ein Gefühl der Scham wegen der unvorstellbaren Verbrechen in deutschen Konzentrationslagern wird von den meisten Vertriebenen empfunden, auch wenn weder persönliche Schuld, noch Verantwortung dafür gegeben sind. Was aber zornig macht und was verletzt, das ist die Jahrzehnte Erfahrung Vertriebener, dass allzu oft die Tatsache der nationalsozialistischen Schreckensherrschaft als probates Stopp-Schild missbraucht wurde und teil-

> weise immer noch missbraucht wird, um einer menschenrechtskonformen Aufarbeitung der Schicksale in der Mitte des 20. Jahrhunderts auszuweichen." (ebd.: 15:29)

Anhand dieses Zitats möchte ich auf fünf für mich besonders auffällige Punkte hinweisen: Als Bezugsrahmen wird *erstens* das „Schicksal der Vertriebenen" (ebd.) gesetzt, als ob Menschen grundlos, eben schicksalhaft, vertrieben worden seien und nicht nach einer in Teilen deutschen Besatzung und einem verlorenen Angriffskrieg ihren Wohnsitz verlassen mussten. *Zweitens* wird eine Übermacht Adolf Hitlers hergestellt. Dieser habe – so scheint es – als Einzelperson nicht nur „die Büchse der Pandora" (ebd.) geöffnet, als ob es vor 1933 weder Antisemitismus, noch Rassismus oder Antifeminismus in Deutschland gegeben hätte. Sondern er habe auch, scheinbar allein, die „humanen Schranken nieder[gerissen]" (ebd.). Im Gegensatz dazu wird *drittens* die Scham der „meisten Vertriebenen" (ebd.) auch unabhängig von individueller Schuld positiv hervorgehoben. Kollektive Verantwortung der Deutschen findet keine Erwähnung, was Ausreden wie: „Wir wussten von nichts; wir haben das alles nicht mitbekommen" nährt. Die deutschen Vertriebenen erscheinen außerdem nicht nur als politisch unschuldig, sondern als moralisch anständig – sie werden zu den eigentlichen Opfern der Geschichte. *Viertens* wird die Spezifik der Shoah durch die Einreihung in die „Schicksale in der Mitte des 20. Jahrhunderts" (ebd.) relativiert, zumal *Schicksal* die Deutung nahelegt, die Massenvernichtung von Menschen wäre nicht aufzuhalten gewesen, beinahe zwangsläufig geschehen. Letztlich wird *fünftens* ein (extrem) rechtes Narrativ bedient, nach dem der Nationalsozialismus, von dem „[w]ir alle wissen" (ebd.), dauer- bis überpräsent im aktuellen kollektiven Erinnern sei.

Diese zwei Sequenzen zeigen, wie durch die Umkehr von Täter:innen zu Opfern nicht nur Tatsachen verdreht werden. Es findet auch eine Verschiebung von Geschichtsschreibung und eine Verzerrung von Aufmerksamkeit statt. Anstelle der Sorgen von geflüchteten und/oder jüdischen Menschen, die tagtäglich unter rassistischer, antisemitischer und (extrem) rechter Gewalt leiden, wird sich vermeintlich besorgter, größtenteils weiß-deutscher Bürger:innen angenommen. Anstelle der Opfer des Nationalsozialismus, stehen die Vertriebenen im Mittelpunkt. Somit wird – von den Referent:innen beabsichtigt oder unbeabsichtigt – das politische Ziel (u.a. der BdK) verfolgt, über (extrem) rechte Metapolitik Diskurse zu verändern. Da die Leugnung des Holocausts als Straftat anerkannt ist, bietet diese Praktik einen Weg juristisch strafbaren Handlungen zu entgehen. In der Analyse (extrem) rechter Rhetorik ist es deshalb wichtig, genau auf die Zwischentöne zu hören, zu überlegen, was und was nicht ausgesprochen wird, was miteinander verglichen wird und zu welchem Zweck.

3.3.3 „Genderlobbyisten", „eingeschleuste Imame" und „okkulte Organisationen" – Verschwörungsdenken

Zunächst haben „Genderlobbyisten", „eingeschleuste Imame" und „okkulte Organisationen" nichts gemeinsam. Die Verbindungslinie wird erst mit Blick auf (extrem) rechtes Verschwörungsdenken deutlich. Aber was ist eigentlich eine Verschwörungsphantasie? Wer verschwört sich hier gegen wen? Und welche Effekte hat Verschwörungsdenken auf gesellschaftliche Diskurse?

Verschwörungen gründen auf geheimen Plänen, die negative Auswirkungen auf andere Menschen haben. Verschwörungsdenken oder auch Verschwörungsphantasien gehen also davon aus, dass die Handlungen von Menschen auf eine solche, oft ökonomisch motivierte Verschwörung zurückzuführen sind.[21] Hierbei spreche ich bewusst nicht von Verschwörungs*theorien*, meint der Begriff Theorie doch, dass etwas belegbar und nach wissenschaftlichen Kriterien nachvollziehbar sei, was auf das beschriebene Denken nicht zutrifft. Denn häufig sind menschenverachtende Vorstellungen die Grundlage für Verschwörungsdenken. Im Antisemitismus zeigt sich der Verschwörungsglaube par excellence, wie besonders stark der deutsche Nationalsozialismus vorführt: Jüdischen Menschen wurde unterstellt als vermeintliche „Marionettenspieler" für sämtliche Übel in der Welt verantwortlich zu sein und sich daran auch noch (finanziell) zu bereichern. Doch auch andere Macht- und Herrschaftsverhältnisse zeigen sich über Verschwörungsdenken, etwa im Sprechen über eine angebliche „Islamisierung des Abendlandes" oder in der Annahme Deutschland wäre eine „Femokratie", also ein staatliches System, in dem Cis-Männer von Cis-Frauen (oder auch „dem" Feminismus) unterdrückt würden. Das Sprechen von Verschwörungen stellt Angst und Unsicherheit her, ist doch etwas Geheimes im Gange, dessen Existenz sich nur erahnen lässt. Die Vorstellung bei-

---

[21] Als Reaktion auf die Maßnahmen zur Eindämmung der Corona-Pandemie erleben zahlreiche Verschwörungsphantasien aktuell ein Comeback, wie etwa die Demonstrationen im Sommer 2020 in Berlin veranschaulichen. Dabei werden erneut auch die ideologischen sowie personellen Verbindungen von Antisemitismus, (antimuslimischem) Rassismus und Antifeminismus deutlich.

spielsweise, dass sich Deutschland im kriegerischen Verteidigungszustand befände (Kapitel 3.2.2), bietet Tür und Tor für solche Verschwörungsphantasien.

In der *Bibliothek des Konservatismus* wird auf verschiedenen Wegen mit Verschwörungsdenken gearbeitet. Im Zusammenhang mit Geschlechterpolitiken und Gleichstellungsdiskursen wird vermehrt der Begriff Lobby verwendet, um auf eine vermeintlich konspirative und mächtige Vereinigung hinzuweisen. In der Radiosendung, in der Sophia Kubys Vortrag in der BdK zitiert wird, fallen die Begriffe „Lobbygruppen“ und „Genderlobbyisten“. Diese Lobby würde durch die Öffnung der Ehe einen „Wandel der Zivilisation“ (Kuby 2014: 0:35) einleiten. Auch Mechthild Löhr wittert Verschwörungen: Hinter feministischen Kämpfen für die Legalisierung von Schwangerschaftsabbrüchen vermutet sie eine „Abtreibungsindustrie“ (Löhr 2013: 8:43) und „Abtreibungslobby“ (ebd.: u.a. 15:27). Somit deutet sie an, dass hinter den in Deutschland nach wie vor illegalisierten Abtreibungen ganze Industrien steckten, dass also mit dem Leben von Zellen und ungeborenen Embryos Geschäfte gemacht würden und dass ganze Lobbys machtvoll, aber verdeckt das Geschehen beeinflussten, gar lenkten. Die geheimen Pläne sind in dieser Logik also ökonomische Interessen von Industrien, die sich an Abtreibungen bereicherten; feministische Forderungen seien nur vorgeschoben. „Die größte Dramatik“ (ebd. 2013: 3:38) sieht sie allerdings bei den „Weltfrauenkonferenzen“ (ebd.), also bei einem Organ der *Vereinten Nationen*, das sich mit frauenpolitischen Themen beschäftigt. Die Weltfrauenkonferenz in Peking 1995 habe nämlich nach Löhr „den Begriff Gender in die Luft geschossen“ (ebd.: 3:55) und „die ganze Gender-Theorie in einen europäischen und internationalen Korridor gesetzt“ (ebd.: 4:30).

Auch im Hinblick auf (antimuslimischen) Rassismus werden Verschwörungsphantasien gebraucht. Zunächst stellt Tilman Nagel in antimuslimisch-rassistischer Logik eine „sagen wir es vorsichtig mentale[n] Diskrepanz zwischen dem Durchschnittsmoslem und dem Durchschnittsdeutschen" (Nagel 2015: 11:25) fest – in seinem Weltbild gehört der Islam folglich definitiv nicht zu Deutschland. Daraufhin behauptet er, dass mit der Einrichtung von muslimischem Religionsunterricht in Nordrhein-Westfalen „in Lehrplangruppen türkische Imame eingeschleust [wurden]" (ebd.: 13:07). Bereits das Wort einschleusen beinhaltet geheimes, ja klandestines Handeln: Eine Person, die eingeschleust werden muss, käme nicht auf offenem, transparentem, „legalem" Wege an den Ort. Angesichts der Planung muslimischen Religionsunterrichts erscheint es absurd, dass ausgerechnet Imam:innen als Gelehrte für muslimische Theologie und Glaubenspraxis, also Personen mit besonderer muslimischer Expertise, nur auf undurchsichtigem Wege Teil der Lehrplanung geworden sein sollten. (Hier wird wohlgemerkt nicht von der Umsetzung im Schulunterricht gesprochen.) Weiter führt Nagel aus, dass muslimische Menschen per se der Überzeugung seien etwas Besseres zu sein: „Man musste sich also darüber klar werden, dass sie – zumal die Jungen – aus dem Elternhaus die Überzeugung mitbringen, dass sie als Muslime etwas Besonderes, Besseres als die andersgläubigen Schüler oder gar als die Ungläubigen unter ihnen seien" (ebd.: 13:46). Diese Überzeugung, so Nagel weiter, dürfe aber nicht offen ausgesprochen werden (ebd.: 14:25). Die Historikerin Yasemin Shooman (2014) macht deutlich, wie Verschwörungsdenken antimuslimischen Rassismus unterstützt:

> „Eine ideologisch gefestigte Islamfeindlichkeit, die auf ein geschlossenes Weltbild rekurriert, zeichnet sich un-

> ter anderem dadurch aus, dass sie rassistische Zuschreibungen gegenüber Musliminnen und Muslimen, [...] mit Verschwörungstheorien anreichert. Dabei wird in Verkehrung der realen gesellschaftlichen Machtverhältnisse eine bevorstehende muslimische Vorherrschaft beschworen." (ebd.: 143)

Schließlich ist Verschwörungsdenken auch nach wie vor im antisemitischen Denken bedeutsam. Insbesondere die „EU-Eliten" (u.a. Bagus 2017: 38:21), die weit weg von den Bürger:innen handeln würden, gleichzeitig aber über sehr viel Geld verfügten, werden mit antisemitischen Vorstellungen belegt. Besonders deutlich wird hier der libertäre Autor und BdK-Referent Oliver Janich. Seine Äußerungen über die *Europäische Union* (EU) erinnern an den antisemitischen Verschwörungsglauben der *Protokolle der Weisen von Zion*, ein gefälschtes Dokument vom Beginn des 20. Jahrhunderts, das unter anderem den Nationalsozialist:innen als Beweis für eine jüdische Weltverschwörung galt: „Wir haben es hier wirklich mit okkulten Organisationen zu tun. Das sind Leute, [...] die wollen Macht, die wollen die ganze Welt beherrschen. Das sind Psychopathen. [...] Das sind einfach böse Menschen" (Janich 2014: 1:18:45).

Wie zu Anfang des Kapitels bereits erwähnt, wird im Kampf um diskursive Deutungshoheit durch die Verbreitung von Verschwörungsdenken eine Stimmung der Angst und des Misstrauens erzeugt. Dieses Misstrauen ist allerdings nicht willkürlich, sondern folgt zielgerichtet der „Freund-Feind-Trennung" (extrem) rechter Akteur:innen. Auf diese Weise bestärken Verschwörungsphantasien bestehende Ausgrenzungs- und Diskriminierungsmechanismen. Der Hass auf das vermeintlich Andere wächst, ebenso wie das Zusammengehörigkeitsgefühl gegenüber dem vermeintlich Eigenen. Denn die Vorstellung, selbst Marionetten zu sein und von den gleichen

Personen gespielt (oder nach (extrem) rechter Auffassung eher traktiert) zu werden, verbindet. Es macht außerdem die eigene Übertragung sichtbar, nämlich den Wunsch selbst als Marionettenspieler:innen die vermeintlichen „Verschwörer:innen" zu beherrschen. So entsteht der Eindruck, dass sich eher (extrem) rechte Akteur:innen gegen jüdische und muslimische Menschen beziehungsweise gegen Feminist:innen verschwören.

3.3.4 Hass auf Merkel – Antifeministische Personifizierung, Infantilisierung und Dämonisierung

Analysen zu Antifeminismus betrachten häufig mehrfach diskriminierte Personen, betonen die Angriffe auf alle Geschlechter, die nicht cis-männlich sind und schaffen gar neue Worte wie „Anti-Genderismus" (Hark und Villa 2015), „Familismus" (Notz 2015), und so weiter. Diese Arbeiten sind meist produktiv und wichtig. Gleichzeitig kommt dabei häufig der Antifeminismus gegen privilegierte Cis-Frauen, also Frauen wie beispielsweise Angela Merkel oder Ursula von der Leyen, zu kurz. Ja, es handelt sich um konservative, weiße Politikerinnen, die staatlich-autoritäre Politiken vertreten. Es handelt sich um Frauen, die Probleme haben sich selbst Feministinnen zu nennen, wie beispielsweise Angela Merkel auf Nachfrage beim *W20-Frauengipfel* (WELT 2017). Dennoch müssen Menschen keine Feminist:innen, keine Kommunist:innen und/oder Geschlechterforscher:innen sein, um Angriffen von Antifeminist:innen ausgesetzt zu sein. In diesem Kapitel werde ich ausführlicher auf den breit angelegten Hass eingehen, der sich gegen die Person Angela Merkel richtet. Seit 2015/16 lassen (extreme) Rechte in Berlin und anderen deutschen Städten ihren Vernichtungsphantasien freien Lauf und marschieren mit Transparenten auf, die etwa die Bundeskanzlerin am Galgen abbilden. Diese Personifizierung, also die Konzentration auf Angela Merkel als Einzelperson, ist hierbei ein besonderes Merkmal. Außerdem zeigt sich eine Infantilisierung, das heißt Merkel wird zum (unfähigen) Kind gemacht, und eine Dämonisierung, nach der ihr magisch-böse Kräfte nachgesagt werden. Diese Dämonisierung stellt eine spezifische Form von Entmenschlichung dar und bildet die Brücke zu Verschwörungsphantasien, die auch das (extrem) rechte Sprechen über Angela Merkel prägen. Weitere Versuche der Entmenschlichung lassen sich in den bildlichen Darstellungen von PEGIDA und Co. erkennen: Hier wird Angela Merkel nicht nur am Galgen, sondern wahlweise auch als Schwein oder Teufel abgebildet.

Diese drei Mechanismen – Personifizierung, Infantilisierung und Entmenschlichung (Dämonisierung) – zeigen das zerstörerische Potenzial dieser Praktik. Der somit erzeugte Hass dient dabei als eine Art Motor für (extrem) rechten Widerstand gegen das bestehende System, der bei Demonstrationen auf der Straße oder auf Veranstaltungen in der *Bibliothek des Konservatismus* mobilisiert wird.

Gertrud Höhler, Publizistin und Autorin mehrerer Bücher über Angela Merkel, sprach unter anderem 2016 in der BdK. Ihr Vortrag ist in erster Linie ein umfangreicher Angriff auf Merkel. Allen voran wird der Bundeskanzlerin insgesamt von (extrem) rechts – und ebenfalls von der Referentin – unterstellt, eine zu liberale Politik gegenüber geflüchteten Menschen zu praktizieren. Angesichts der Verabschiedung menschenunwürdiger Asylpakete unter der Kanzlerinnenschaft von Angela Merkel erscheint dieser Vorwurf zynisch. Im Zusammenhang der konstruierten und rassifizierten Bedrohung, die angeblich von Geflüchteten ausgehe, fordert Höhler von Merkel:

„Dann musst Du darauf achten, dass die Zahlen so sind, dass Du die Menschen schützen kannst, wie sie es verdienen“ (Höhler 2016: 28:55). Aus dem Kontext wird klar, dass Höhler mit „Menschen“ (ebd.) lediglich (weiße) Deutsche meint. Dem gegenüber stehe eine Bedrohung in Form von „Zahlen“ (ebd.), was als Entmenschlichung von nicht-weißen, geflüchteten Menschen zu verstehen ist und als (deutsche) Herrschaftspraktik (in ihrer extremsten Form im Nationalsozialismus) bekannt ist. Über den Mechanismus der Personifizierung macht die Referentin Merkel einzig und allein dafür verantwortlich ihrer vermeintlichen Aufgabe, die (weiß-)deutsche Bevölkerung zu beschützen, nicht nachgekommen zu sein. Es ist davon auszugehen, dass sich Höhler und Merkel nicht persönlich kennen und so lässt sich in dem Zitat auch eine Infantilisierung Merkels erkennen: Dadurch dass Höhler Ratschläge gibt und Angela Merkel mit *Du* anspricht, erscheint diese herabgesetzt und zum Kind gemacht. Auch das Erteilen von Ratschlägen hat einen infantilisierenden Effekt, beraten doch meist Menschen mit viel Erfahrung andere.

Auffälliger zeigt sich die Infantilisierung und Dämonisierung in folgendem Zitat, das zunächst widersprüchlich erscheint: Angela Merkel habe „einen Status erreicht, der etwas von Unfehlbarkeit hat, auch wenn sie dauernd Fehler macht“ (ebd.: 23:09). Hier wird Merkel nicht nur zum Kind gemacht, das ständig Fehler begeht und unwissend ist; Höhlers Aussage eröffnet über Dämonisierung die Tore für Verschwörungsphantasien. Das Geraune liegt nahe, deutet sich auch im Publikum bereits an – „Wie kann eine so inkompetente Person deutsche Bundeskanzlerin sein?“ – und wird im Rahmen der Vorträge weiter genährt. Etwa wenn Höhler zu dem Ergebnis kommt, dass Merkel geheime Pläne verfolgen würde, indem „sie ihre Ziele nicht nennt. Sie würde […], wenn sie spräche, wahrscheinlich sagt sie es aber niemanden, dann würde sie sagen: ‚Wenn ich das verrate, bin ich nicht mehr dran!‘ Das ist der Punkt. Das heißt sie kann ihre Ziele gar nicht nennen, weil die Menschen nicht mitgehen würden“ (ebd.: 1:06:54). In eine ähnliche Kerbe schlägt der pensionierte Politikwissenschaftler Erich Weede, wenn er Angela Merkel unterstellt, sie würde „aktiv gegen die nationalen Interessen des Landes an[zu]kämpfen“ (Weede 2015: 1:42:00). Hier zeigt sich also erneut die große Bedeutsamkeit geheimer, konspirativer Vorhaben für Verschwörungsphantasien. Außerdem unterstellt Erich Weede der Bundeskanzlerin eine Pathologie, macht sie also krank, und erntet dafür Applaus vom Publikum:

> „Was die Pathologie bei Frau Merkel angeht: Ich denke die besteht letzten Endes darin, dass für sie schon der Gedanke an die Vertretung nationaler Interessen eine Horrorvorstellung ist. [...] Dann kann die Kanzlerschaft einer derartigen Person auch nur ein Horror für das von ihr vertretene Volk werden.“ (ebd. 2015: 1:27:56)

An anderer Stelle kommt Höhler (2016) mit einem mystischen und eindringlichen Unterton zu dem Schluss: „Wer mit Merkel regiert, wird schwächer“ (ebd.: 20:35). Es liegt die Vermutung nahe, Angela Merkel hätte spirituelle Kräfte. Wie sonst ließe sich erklären, dass all die (männlichen) Politiker:innen, die mit ihr gemeinsam regieren, an Macht verlieren würden? Neben verbalen Angriffen auf Merkel bringt der libertäre und in Spanien lehrende Wirtschaftswissenschaftler Philipp Bagus (2017) auch noch ihre Familie ins Spiel. So urteilt er in Bezug auf die Migration zwischen ehemaliger DDR und BRD: „Gut und dann gibt es noch solche Spezialfälle [...] von Leuten, die freiwillig von Westdeutschland nach Ostdeutschland gewandert sind, wie die Familie von unserer Bundeskanzlerin. Aber von diesen Abartigkeiten abgesehen [...]" (ebd.: 23:06). Merkels Entmenschlichung rührt mitunter von den „Abartigkeiten" (ebd.) ihrer Familie und andersherum wird der Hass auf Merkel auch auf ihre Familie übertragen.

Was ist nun aber an dieser Abwertung antifeministisch? Mit Blick auf Merkel artikuliert sich doch vielmehr eine klassisch misogyne, also frauenverachtende Abwertung, die sich beispielsweise im mangelnden Ernstnehmen zeigt. Doch Antifeminismus meint mehr: Ihr machtvolles Amt als Bundeskanzlerin sowie ihre berufliche Laufbahn als Physikerin sind hier aufschlussreich. Beides erscheint in einer antifeministischen Logik äußerst gegenläufig zu angestrebten Geschlechterrollen, die für Frauen Hausarbeit und/oder weiblich konnotierte Berufe vorsehen. Auch der Mechanismus der Dämonisierung hat antifeministische Elemente: Personen, die als Frauen gelesen werden, und diejenigen, die sich selbst als Frauen verstehen, werden als „abnormal", vermeintlich unweiblich oder hyperfeminin und als Inkarnation des Bösen gekennzeichnet.[22] Ihnen werden metaphysische Kräfte zugesprochen, die sie allerdings nicht für moralisch gute Taten, sondern ausschließlich zur Zerstörung des Männlichen und der Welt insgesamt nutzen. Dabei werden sie oft entweder stark sexualisiert (die unwiderstehliche Verführerin) oder gänzlich entsexualisiert (das berechnend-kalte „Mannsweib"). Silvia Federici (2013 [2004]) etwa zeigt in diesem Zusammenhang ausführlich die historische Entstehung, Vertreibung und Vernichtung von

[22] Auch in antisemitischen und rassistischen Denkweisen finden sich dämonisierende Elemente. Da es sich aber an dieser Stelle um Angela Merkel handelt, die weder antisemitisch, noch rassistisch marginalisiert wird, fokussiere ich mich auf die feminisierende Komponente von Dämonisierungen.

meist weiblichen Personen, die zu Hexen gemacht wurden. Demnach entstand die Erfindung der Hexe mit dem Beginn des Frühkapitalismus und der damit einhergehenden Trennung aller Bereiche des Lebens nach Geschlecht. So wurden beispielsweise das Haus und das Private weiblich, während alles Außerhäusliche und das Öffentliche als männlich galten. Diese Sphärentrennung wurde zunächst im europäischen Mittelalter vollzogen und von dort über Kolonialisierungs- und Christianisierungsprozesse in die Welt transportiert. Das Bild der Hexe und die damit verbundene feminisierende Dämonisierung sind folglich fest im kollektiven Wissen verankert und haben bis heute auch in der Mehrheitsgesellschaft Bestand. So beschreibt beispielsweise Charlie Kaufhold (2015) anschaulich die Dämonisierung als Teufel (und Bagatellisierung als Katzenliebhaberin) der NSU-Terroristin Beate Zschäpe in der medialen Berichterstattung.

Zusammenfassend verdichtet sich in der Person Angela Merkel vieles (Frau, Physikerin, Ostdeutsche, und so weiter), das (extrem) rechte Vorstellungen in Frage stellt oder gar angreift. Die Reaktion ist beschriebener Hass auf Merkel, der über Prozesse von Personifizierung, Infantilisierung und Entmenschlichung, besonders Dämonisierung, verfestigt wird. Im Rahmen der *Bibliothek des Konservatismus* fällt er auf fruchtbaren Boden, wie meine Deutungen der Interaktionen mit dem Publikum (unter anderem Applaus und Zwischenrufe) zeigen. Somit versuchen die Referent:innen – ob gezielt oder nicht – über den Hass auf Angela Merkel in gesellschaftliche Diskurse zu intervenieren. Dieser Hass dient zudem als Motor von Abwehrkämpfen und als Austragungsort für die Verschiebung von Sagbarkeitsgrenzen.

3.3.5 „So wird der Konservative zum Freiheitskämpfer“ – Männlicher Abwehrkampf gegen queer-feministische Erfolge[23]

Freiheit ist, wie Konservatismus, ein schillernder Begriff – je nach politischem Lager werden darunter sehr unterschiedliche Dinge verstanden. Ähnlich verhält es sich mit Freiheitskämpfer:innen beziehungsweise ihrem Gegenstück – Terrorist:innen. Wer wen als Freiheitskämpfer:in oder Terrorist:in bezeichnet, macht in erster Linie eine Aussage über die eigene politische Haltung. Besonders beliebt ist die Selbsternennung zu Freiheitskämpfer:innen. Wer wäre schließlich nicht gerne die häufig romantisierte Figur, die held:innenhaft kämpft? Rebellion und Freiheitskampf gelten als männliche Tugenden. Kein Wunder also, dass Rebellinnen häufig nicht ernst genommen werden, sie wahlweise als sexualisierte Poster-Girls (wie bei der öffentlichen Berichterstattung über die Aktivistin der *Identitären Bewegung* Melanie Schmitz (kritisch dazu Goetz 2017)), als nette Accessoires neben den eigentlichen männlichen Kämpfern oder aber auch als nicht einzuschätzende Wesen, die Geschlechtergrenzen aufweichen, dargestellt werden. Doch was macht nun Konservative zu Freiheitskämpfer:innen und gegen was setzen sie sich zur Wehr?

Dieses Kapitel basiert auf der Annahme, dass in den letzten Jahren im Bereich der Geschlechterpolitiken verschiedene Erfolge er-

---

[23] Das vorangestellte Zitat stammt von Alexander Grau (2018: 15:00), Referent in der BdK. Der Begriff *queer-feministisch* hebt hervor, dass Geschlechter gesellschaftlich hergestellt werden, was aber ihre Wirkmächtigkeit in einem zweigeschlechtlichen Zwangssystem nicht in Frage stellt. Außerdem betont *queer-feministisch* die Verbindung von Geschlecht und Sexualität.

kämpft wurden. Diese in politischen Bewegungen nicht unumstrittenen Erfolge lassen sich vor allem an Gesetzesveränderungen ablesen, wie beispielsweise der Geschlechterquote für Aufsichtsräte in börsennotierten Unternehmen (2016), der Öffnung der Ehe für gleichgeschlechtliche Paare (2017) oder der Möglichkeit eines dritten Geschlechtseintrags im Personenstandsregister (2019). Diese Gesetzesveränderungen rufen Widerstand und aggressive Abwehr bei Antifeminist:innen hervor, widersprechen sie doch zutiefst ihren gesellschaftlichen Vorstellungen und Ressentiments.

Sehr beliebt ist in der *Bibliothek des Konservatismus* die Verschwörungsphantasie eines staatlich aufgedrückten Feminismus. Hier sei noch mal an den Referenten und Journalisten Alexander Grau (2018) erinnert: „Das Ergebnis ist die staatlich sanktionierte Individualemanzipation, exemplarisch zu studieren am offiziellen Staatsfeminismus“ (ebd.: 41:57). Feministische Anliegen seien also keine Erfolge jahrelanger Kämpfe, sondern vom Staat angeordnet. Ein anderer Referent und Mitarbeiter von verschiedenen AfD-Abgeordneten Dimitrios Kisoudis sorgt sich ebenfalls um eine vermeintliche „Umerziehung“ in Deutschland. Er versucht das Ausmaß aufzuzeigen, indem er in nationalistischer Trennung „die Deutschen“ mit „den Serben“, die nach Deutschland migriert sind, vergleicht. So stellt er fest, „dass Serben in politischen Tätigkeiten zu finden sind auf der Rechten, immer wieder, und auch also serbische so junge Frauen, junge hübsche Frauen [...] Und man merkt, dass diese Leute viel politischer denken als wir das nach den Jahrzehnten der Umerziehung [können]“ (Kisoudis 2017: 1:47:30). Selbst „junge hübsche Frauen“ (ebd.) – nach antifeministischer, (extrem) rechter Logik folglich der Inbegriff von (apolitischer) Dummheit – selbst diese Frauen könnten politisch denken, weil sie eben nicht wie

„die Deutschen“ von feministischen und allgemein linken Idealen umerzogen worden seien.

Ziel der aggressiven Abwehr bilden unter anderem die *Gender Studies*, eine Forschungsrichtung, die untersucht, welche Rolle Geschlecht und andere gesellschaftliche Kategorien sowie daran anknüpfend Macht- und Herrschaftsverhältnisse in den unterschiedlichsten Bereichen des Lebens haben. So vermutet der Verbreiter diverser Verschwörungsphantasien Oliver Janich (2014) ehemalige „Spione“ aus der DDR hinter kritischen Akademiker:innen:

> „Die [Spione, Anm. L.H.] sind heute Universitätsprofessoren, wenn sie vorher an der Uni Assistenten waren. Die werden in den Medien zitiert mit ihren wirklich an schwachsinnig [sic!] zu überbietenden Theorien – ich sag' nur *Gender Mainstreaming* und so 'n Quatsch. [...] Ja, da möchte ich Applaus.“ (ebd.: 1:28:30)

Hier zeigt sich einmal mehr die BdK als Raum (extrem) rechter Gemeinschaft, der sich über Humor oder eben Applaus herstellt und verfestigt.

Basierend auf der Grundannahme geschlechterpolitischer Erfolge kreiert sich der (männliche) Konservative als heldenhafter Außenseiter, der als von der Mehrheit verkannter Retter in ständiger Gefahr lebt. So führt der ehemalige AfD-Politiker und Polizist Karsten Dustin Hoffmann (2014) aus, dass Veranstaltungen zu linker Militanz nur stattfinden könnten, „wenn man einen Zug Bereitschaftspolizei in der Hinterhand hat“ (ebd.: 4:12). Er selbst habe bereits mehrere Morddrohungen erhalten (ebd.: 4:35) und auch Josef Kraus (2017) habe „zum Teil [...] Polizeischutz [gebraucht]“ (ebd.: 1:05:36). Unabhängig davon, was an diesen Aussagen dran ist, fällt auf, dass durch die Benennung von (vermeintlichen) Gefahrensituationen das eigene Heldentum unterstützt wird. Durch Appelle wird die Situation zugespitzt und das Publikum zum Handeln aufgefordert. So schließt Philipp Bagus (2017) seinen Vortrag mit den Worten: „Helfen Sie mir dabei. Die Chance ist da, der Moment ist günstig. Packen wir es gemeinsam an“ (ebd.: 39:15). Und Josef Kraus (2017) ruft „eine bürgerliche Bildungsrevolte“ (ebd.: 1:07:28) aus, „auch wenn ich da keinen konkret ausgetüftelten Plan habe“ (ebd.: 1:07:22).

Eng verbunden mit Heldentum ist die Selbstviktimisierung, also der Prozess sich selbst zum Opfer zu machen. Hier erfolgt die antifeministische Abwehr eher über Selbstmitleid. Besonders deutlich wird diese Kombination in der Podiumsdiskussion *Neue Medien – neue Gesellschaft?* (Höhler u. a. 2017): Als wäre es vorab aufgeteilt worden, erfüllt Ferdinand Knauß, Historiker und seit Ende 2019 Redakteur bei *Tichys Einblick*, durchgängig die Rolle des mitleiderregenden Opfers. Roland Tichy, Herausgeber des genannten Monatsmagazins, performt in Abgrenzung dazu den männlichen Helden. So äußert Knauß (ebd.), wie schwer das Leben als Journalist für (extrem) rechte Blätter sei:

> „Es ist halt bitter, wenn man in der Bundespressekonferenz, wenn die anderen nicht mit einem Kaffee trinken wollen, ja? Dann, ja Sie [an Dieter Stein gewandt, Anm. L.H.] wissen wahrscheinlich bei der *Jungen Freiheit*, was das bedeutet, ne? [Gelächter und Applaus] Ich weiß ja auch, dass, also Sie werden wahrscheinlich

> auch nicht irgendwie in Hintergrundkreise[24] und so eingeladen...“ (ebd.: 15:07)

Tichy unterbricht an dieser Stelle mit den Worten: „Er überlebt’s“ (ebd.: 15:29), um dann kurz darauf zu kontern:

> „Da wird’s auch mal [...] ein bisschen grob gelegentlich, also ich meine, wir brauchen da schon wieder eine, bei Journalisten, eine Bereitschaft weniger zu jammern, sondern da muss man schon sagen nur austeilen, aber nicht einstecken können, geht auch nicht.“ (ebd.: 17:57)

Diese Zurechtweisung Tichys macht deutlich, dass Heldentum und Selbstviktimisierung zwei Seiten der gleichen Medaille sind, die sich gegenseitig brauchen. In der Literatur wird dies auch als „Wimmern oder großer Knall“ (Kämper 2005: 223) (extrem) rechter Akteur:innen bezeichnet. Aus einer geschlechterkritischen Perspektive kann hier auch von unterschiedlichen Männlichkeitsbildern gesprochen werden, die im Widerspruch zueinander stehen und sichtbar machen, wie durch Tichys Einwand eine symbolische Feminisierung von Knauß stattfindet.

Doch wie können über Heldentum und Abwehrkämpfe gesellschaftliche Diskurse verändert werden? Einen besonders starken Effekt hat das Abschmettern von Kritik über die Behauptung von Zensur oder staatlich-diktatorisch angeordneten Denkweisen. Kritik wird so unmöglich oder lächerlich gemacht. Dies zeigt sich vor allem beim Sprechen von einer vermeintlichen politischen Korrektheit: Person X weist Person Y darauf hin, dass ein von Person Y

---

[24] Die Erwähnung von Hintergrundkreisen schließt an bereits gemachte Überlegungen zu Verschwörungsphantasien an (Kapitel 3.3.3).

benutztes Wort diskriminierend ist und dass es aber dieses oder jenes Alternativwort gebe. Person Y kann diese Kritik nicht annehmen, steigt auch nicht in eine Diskussion über Sprache und Diskriminierung ein, sondern regt sich über angebliche Sprechverbote auf, schimpft auf eine vermeintliche Sprachpolizei und/oder gesellschaftliche Meinungsdiktatur. „Das wird man doch wohl noch sagen dürfen" ist dann meist das Ende des Gesprächs. Selbstverständlich kann Person X niemandem verbieten, was er:sie sagt. Es geht auch gar nicht um Verbote und ein moralisches „Was darf ich?", sondern um einen Hinweis und eine Bitte Alternativworte zu verwenden oder auch nur um die Reaktion mit einer anderen Begriffsverwendung. Ordnungshüter:innen der Sprache, die ähnlich wie die Polizei befugt wären Gewalt auszuüben, existieren genauso wenig wie eine Meinungsdiktatur. Statt einer Auseinandersetzung mit der Kritik, beendet der Vorwurf einer vermeintlichen politischen Korrektheit das Gespräch. Dabei kann bereits die Verwendung des Begriffs *politische Korrektheit* (oder im Englischen *political correctness*) im allgemeinen Sprachgebrauch als diskursiver Erfolg gewertet werden (Salzborn 2017: 18f).

In der *Bibliothek des Konservatismus* bestätigt die aggressive Abwehr gegen queer-feministische Erfolge die eigene (antifeministische) Position: Das Gesagte löst Beifall und/oder Gelächter im Publikum aus. Diese Stärkung nach innen aktiviert das Publikum zum Handeln. Bibliotheksleiter Fenske fasst im Interview mit der *Jungen Freiheit* zur Einweihung der BdK das Vorhaben als „Doppelstrategie [...]: Nach innen verdichten, nach außen öffnen" (Schwarz 2011). Jene Zweigleisigkeit wird in vielen Bereichen gefahren, bei dieser Praktik tritt sie besonders deutlich hervor. Und so kreieren sich (extrem) rechte Akteur:innen zu „moralischen Nonkonformisten“ (Grau 2018: 15:09) oder eben zu „Freiheitskämpfer[n]“ (ebd.: 15:02), die gegen Antidiskriminierungspolitiken und andere Versuche der Gleichstellung sowie gegen damit einhergehende Institutionalisierungen, wie die Einrichtung des Studiengangs *Gender Studies*, rebellieren. Nach innen gestärkt treten (extrem) rechte Akteur:innen in die Öffentlichkeit um Stimmung gegen erkämpfte Erfolge queer-feministischer Bewegungen zu machen und langfristig gesellschaftliche Diskurse zu verändern.

3.4 Zusammenflechten der Ergebnisse

»Wir leben in einer Zeit, in der man es vorzieht
Fakten zu schaffen statt zu diskutieren:
Eine Bundeskanzlerin trifft einsame Entscheidungen,
die das Gesicht eines ganzen Kontinents verändern.
Brüsseler EU-Bürokraten entscheiden
über phantastische Geldsummen,
die noch unsere Kinder und Kindeskinder belasten werden.
Und die Medien, früher der Ort gesellschaftlicher Diskussion,
legitimieren die einmal geschaffenen Fakten lieber
statt sie zu hinterfragen.«
Fenske 2016b

Nach diesem umfangreichen Versuch die verknoteten und miteinander verwobenen Interventionsfäden zu entwirren und zu analysieren, geht es nun darum, das Band wieder zusammenzuflechten. Denn, so zeigen die Querbezüge zwischen den Kapiteln, sind die dargestellten Strategien nicht als voneinander getrennte Fäden zu verstehen, sondern eher als Flickenteppich. Beispielhaft kann hier auch das eingangs erwähnte Zitat von Wolfgang Fenske herangezogen werden, das Elemente der Strategien *„Freund versus Feind"* (Kapitel 3.1.1), *Deutschland in Gefahr* (Kapitel 3.2.2), *Verschwörungsdenken* (Kapitel 3.3.3) sowie *Hass auf Merkel* (Kapitel 3.3.4) beinhaltet. Darüber hinaus konnte ich aus dem Material weitere diskursive Interventionen herausarbeiten: *Fortführung einer heteronormativen Tradition* (Kapitel 3.1.1), *Herstellung der BdK als Ort der männlich-weißen Wissenschaft* (Kapitel 3.2.2), *„Ich habe ja nichts gegen xy, aber"* (Kapitel 3.3.1), *„Das war doch ganz anders"* (Kapitel 3.3.2) und schließlich *Männlicher Abwehrkampf gegen queer-feministische Erfolge* (Kapitel 3.3.5).

Mich interessieren besonders die gesellschaftspolitischen Effekte, die aus den zusammengestellten Praktiken entstehen und den Versuch der Diskursverschiebung in konkreten Einzelschritten aufzeigen. Zusammenfassend gelange ich zu sechs bedeutsamen Punkten: *Erstens* dient der gesellschaftlich eher harmlos anmutende Bezugspunkt *Konservatismus* als Sammelbecken verschiedener (extrem) rechter Bewegungen, die darunter ihre (extrem) rechten Ansichten verbreiten und sich gleichzeitig gegen Kritik und (juristische) Konsequenzen absichern. Anstelle der Bewahrung werden *zweitens* in der *Bibliothek des Konservatismus* vielmehr (extrem) rechte Weltanschauungen hergestellt und verfestigt. Dies funktioniert *drittens* nur, da die BdK als Resonanzraum zu verstehen ist, der durch Humor, Zustimmung und Hetze auf die vermeintlich „Anderen" zu einem Ort der Gemeinschaft wird. Im Fokus der BdK liegen *viertens* die Strategien des Veränderns. Die Bedeutsamkeit dieses Parts schlägt sich unter anderem in dem Umfang des Kapitels 3.3 nieder. *Fünftens* konnte ich nachzeichnen, dass die soziale Kategorie Geschlecht immer wieder relevant gemacht wird. Geschlecht steht allerdings nicht losgelöst von anderen Macht- und Herrschaftsverhältnissen. Eine Analyse, die eine geschlechter- und machtkritische Perspektivierung vernachlässigt, erscheint also wenig hilfreich. Hinzu kommt, dass *sechstens* nur eine geschlechter- und machtkritische Untersuchung in der Lage ist, die Brüche und Widersprüchlichkeiten aufzuzeigen. Diese können als wegweisend für politische Handlungsmöglichkeiten gesehen werden.

Anhand dieser Einzelschritte wird deutlich, wie von (extrem) rechten Akteur:innen versucht wird gesellschaftliche Diskurse zu beeinflussen. Darauf aufbauend können sich Leser:innen Handlungsmöglichkeiten und Werkzeugkoffer für die Arena des Diskurses zulegen, ohne dabei (extrem) rechten Akteur:innen in die Hände zu spielen oder in (alte) Fallen zu tappen.

4. Für mehr kritische Aufmerksamkeit – Das Fazit

»Es geht mir nicht darum, das richtige Programm,
den einen Weg aufzuzeigen,
sondern Denkanstösse zu geben –
in der Hoffnung,
dass viele Menschen daraus etwas mitnehmen
für die Bereiche,
in denen sie bereits tätig sind oder tätig werden wollen.«
Schutzbach 2018: 109f

Dieser Hoffnung der Schweizer Geschlechterforscherin Franziska Schutzbach schließe ich mich an – ich hoffe, dass ich Denkanstöße geben konnte, dass die Perspektiven auf Geschlecht, Macht und Sprache für die Leser:innen erkenntnisreich waren, dass dieses Buch zu einem Mehr an Wissen zur *Bibliothek des Konservatismus* und (extrem) rechten Diskursstrategien geführt hat und dass dieses Wissen hilfreich ist für die eigene politische Theorie und Praxis.

Zu Beginn dieses Buches habe ich danach gefragt, wie gesamtgesellschaftliche Debatten von (extrem) rechten Akteur:innen beeinflusst werden. Durch die Analyse der öffentlichkeitswirksamen Veranstaltungen in der *Bibliothek des Konservatismus*, die auch als Ort innerer Vernetzung zu verstehen sind, konnte ich verschiedene Strategien herausarbeiten, mit denen versucht wird auf gesellschaftliche Diskurse einzuwirken. Diese neun Strategien lassen sich unter den Überschriften *Fortführen*, *Herstellen* und *Verändern* zusammenfassen, wobei Veränderung nach meiner Analyse die größte Bedeutung einnimmt. So habe ich nachgezeichnet, wie (extrem) rechte

Akteur:innen an diskursivem Raum gewinnen und wie sie mit dem Handwerkszeug der diskursiven Praktiken gesamtgesellschaftliche Debatten (bewusst oder unbewusst) beeinflussen. Dabei belegt dieses Buch die Notwendigkeit einer konsequenten geschlechterkritischen Perspektive, die in der Rechtsextremismusforschung leider allzu oft vernachlässigt wird. Geschlecht kann jedoch nicht losgelöst von anderen Macht- und Herrschaftsverhältnissen betrachtet werden. Eine geschlechter- und machtkritische Sicht ist elementar für eine fundierte Analyse (extrem) rechter Praktiken zur Verschiebung von Diskursen. Rhetorische Tricks kennzeichnen dabei nicht allein Aussagen (extrem) rechter Personen, sondern werden von allen Beteiligten im Kampf um Deutungshoheit eingesetzt. Dennoch ist – und auch das hat dieses Buch gezeigt – (extrem) rechte Rhetorik nicht losgelöst von ihrer menschenverachtenden Ideologie zu verstehen. Wie auch die Linguistin Ruth Wodak (2016) herausstellt, kristallisiert sich erst im Zusammenspiel von Form (Strategie) und Inhalt (menschenverachtende Weltanschauung) die Spezifik von (extrem) rechten Diskursstrategien heraus. Diese Spezifik (extrem) rechter Diskursstrategien und der (extremen) Rechten allgemein widersprechen folglich einer Gleichsetzung von rechts und links, wie sie immer wieder in Politik und Forschung angestellt wird – erinnert sei beispielsweise an das Debakel um die Wahl des Ministerpräsidenten in Thüringen im Februar 2020. Dabei wird oft verkannt oder bewusst ignoriert, dass diese Gleichsetzung ebenfalls als eine (extrem) rechte Strategie zu verstehen ist, die versucht rassistische, antisemitische, antifeministische und allgemein menschenverachtende Aussagen zu normalisieren.

Doch die *Bibliothek des Konservatismus* umfasst als (extrem) rechter Thinktank mehr als die Veranstaltungsformate: Dieses Buch ist ebenfalls eine erste, umfangreiche Charakterisierung der Bibliothek, ihrer Entstehungsgeschichte, ihrer Akteur:innen und Themen. Eine Zusammenstellung in dieser Tiefe wäre mir ohne die jahr(zehnt)elangen Recherchen von Aktivist:innen und Journalist:innen nicht möglich gewesen. Ich hoffe, dass dieses Buch im Gegenzug eine hilfreiche Ergänzung bisher erfolgter Recherchen liefert und neue Perspektiven eröffnet.

Abgesehen von (extrem) rechten Diskursstrategien ermöglicht meine Untersuchung einen differenzierteren Blick auf (extrem) rechte Akteur:innen in Deutschland. Wie ich einleitend erwähnt habe, wird in aktuellen Analysen und Überlegungen oft einer von zwei Pfaden eingeschlagen: Entweder werden (extreme) Rechte pauschal als dumm, arbeitslos, ostdeutsch und männlich konstruiert. Insbesondere ihre vermeintliche Dummheit veranlasst Kritiker:innen zu einer intellektuellen Überheblichkeit. Ja, es gibt im (extrem) rechten Spektrum Aussagen, die sich argumentativ leicht entkräften lassen und ja, es gibt arbeitslose, weiße, ostdeutsche Männer, die eine (extrem) rechte Weltanschauung vertreten. Doch diese verkürzte und arrogante Sicht ist nicht nur unsympathisch, sondern auch analytisch wenig überzeugend, nimmt sie beispielsweise sich als intellektuell verstehende Akteur:innen gar nicht in den Blick geschweige denn ernst. Oder, und das würde ich als zweiten Pfad bezeichnen, werden (extrem) rechte Personen, die sich als intellektuell bezeichnen, in ihrer Intellektualität überhöht. So gehen Autor:innen den Selbstinszenierungen (extrem) rechter Akteur:innen auf den Leim, betonen ihre Belesenheit und stricken auf diese Weise, oft unwissend, mit am Mythos der großen, (extrem) rechten Denker:innen. In diesem Zusammenhang hat der Politikwissenschaftler Samuel Salzborn (2017: 101) auf das sogenannte Rittergut in Schnellroda,

Wohnort der Familie Kubitschek und Standort des *Instituts für Staatspolitik* und des *Antaios Verlags*, hingewiesen. Durch die zahlreichen Besuche verschiedener, sich als kritisch verstehender Journalist:innen und Wissenschaftler:innen erlangte dieser Ort, inklusive seiner begrifflichen Überhöhung, viel Aufmerksamkeit: Die Besucher:innen bezogen sich auf das „Rittergut", ohne dabei herauszustellen, dass es sich lediglich um einen „Bauernhof im Provinznest Sachsen-Anhalts" (ebd.) handelte. Auch Mischformen beider Pfade existieren, etwa wenn Akademiker:innen die (extrem) rechte Gesinnung abgesprochen wird, weil sie eben nicht in das Bild des prügelnden Neonazis passen. Handfeste politische Konflikte werden zu Missverständnissen verwässert und als Lösung wird ein unvoreingenommenes Pläuschchen vorgeschlagen.

Der in diesem Buch eingeschlagene Pfad ist ein dritter und führt in eine andere Richtung. Inspiriert von all den Autor:innen und Kollektiven, auf die ich mich in diesem Buch positiv bezogen habe, plädiere ich für eine breite Analyse der (extremen) Rechten, welche die Heterogenität – also die Unterschiedlichkeit – der Akteur:innen einbezieht und ernst nimmt. Dies heißt mitnichten, dass das von ihnen selbst entworfene Image der intellektuellen (extremen) Rechten bloß bestätigt werden soll. Es geht nicht darum auf die Selbstinszenierungen hereinzufallen, sondern um eine kritische und politische Aufmerksamkeit für die Bandbreite an Akteur:innen, ihre Themen und Denkweisen, ihre Institutionen und Netzwerke. Weder sind Personen in der (extremen) Rechten allesamt prügelnde Hools, noch ausschließlich gewiefte Anwält:innen – komplexe Sachverhalte müssen differenziert und genau betrachtet werden. Mit Blick auf die *Bibliothek des Konservatismus* und die diskursiven Verschiebungen, die von diesem Ort ausgehen, bietet dieses Buch einen ersten Aufschlag.

Doch so wichtig mir eine Differenzierung innerhalb der (extremen) Rechten erscheint, so bedeutsam ist auch die Betrachtung ihrer Verbindungslinien. Die Bezeichnung *(extrem) rechts* zeigt eben diese Verbindung verschiedener Strömungen von konservativ bis extrem rechts auf. (Extrem) rechte Akteur:innen setzen gezielt auf diese Vielstimmigkeit, versuchen also unterschiedliche Kräfte einzubinden und je nach Diskurssituation verschiedene Bilder zu bedienen. Auch lassen sich die Effekte von Diskursverschiebungen nicht losgelöst von (extrem) rechter Gewalt jeglicher Art betrachten – sei es durch unkritische Berichterstattung, die (extrem) rechten Ansichten Raum und Sendezeit gibt, sei es durch körperliche Angriffe im Alltag, Demonstrationen und (Fackel-)Märsche, die für eine Vielzahl von Menschen den Gang auf die Straße verunmöglichen. Gesamtgesellschaftliche Diskurse, Wahlerfolge (extrem) rechter Parteien und Gewalt bedingen und verschärfen einander. Die etwas reißerisch klingende Bezeichnung der „ideologischen Brandstifter" hebt diese Verbindung zwischen Diskursverschiebungen und (extrem) rechten Gewalttaten hervor. Konträr zur nationalen Erzählung, nach der Deutschland den Faschismus überwunden habe, stehen schwerste Gewalttaten wie brennende Geflüchtetenunterkünfte und Angriffe auf nicht-weiße Personen, Anschläge auf Politiker:innen, jüdische Menschen, Frauen sowie alle weiteren Einzelpersonen, Kollektive und Orte, die nicht in ein (extrem) rechtes Weltbild passen. (Extrem) rechte Gewalt gehört folglich zur nationalen Erzählung Deutschlands dazu und muss als solche benannt werden. Faschismus und rechter Terror sind nicht überwunden, sondern Bestandteil deutscher Gegenwart.

Was ist also jetzt zu tun? Welche Auswege führen aus der Misere? Viele Bücher enden mit einem Katalog an Handlungsstrategien für Einzelpersonen, mit Anweisungen, was alles getan werden könnte, um diese Welt ein kleines Stückchen gerechter und weniger menschenverachtend zu gestalten. Aufrufe zu zivilgesellschaftlichem Engagement nach dem Motto: „Wenn Rechte reden, ruf dazwischen!“ sollen die Leser:innen für politische Praxis begeistern. Mir erscheinen diese Tipps auf individueller Ebene immer etwas belehrend und unpassend. Ich bin zuversichtlich, dass Leser:innen selbst denken können und wissen, ob und was sie aus dem Gelesenen machen, ob und wie sie sich (weiterhin) organisieren, welche Aktionsformen die ihren sind und welche nicht. Neben der Aufmerksamkeit für die *Bibliothek des Konservatismus* war es mir ein Anliegen auf (extrem) rechte Strategien hinzuweisen und somit auch Lücken sichtbar zu machen, in denen politisches Handeln ansetzen kann. Es liegt nun an den Leser:innen mit diesem Wissen umzugehen.

Wenn Rechte reden zeigt auf, dass (extrem) rechte Akteur:innen mit Hilfe verschiedener Strategien versuchen gesellschaftliche Diskurse zu verändern. Dieses strategische Kalkül muss sowohl in Forschungsarbeiten, als auch in journalistischen Berichten mehr Beachtung finden. Einen unvorbereiteten, scheinbar offenen Dialog mit den Akteur:innen, einen unkritischen Austausch über vermeintlich verschiedene Meinungen halte ich für unangebracht und fahrlässig. Denn die (extreme) Rechte ist, wie bereits anklang, gewachsen an den „Gesprächsangeboten [ihrer Gegner], die sie zu akzeptablen Partnern machten“ (Weiß 2018: 44). Statt ständig die gleichen Personen auf den gleichen Bauernhöfen, wie im Falle der Kubitscheks, zu besuchen, könnte die mediale und gesellschaftliche Aufmerksamkeit jene Personen in den Blick nehmen, die von (extrem) rechter Gewalt betroffen sind: Wie nehmen geflüchtete Menschen die Hetze gegen sie wahr und was würde ihnen mehr Schutz bieten? Welche Auswirkungen haben die antifeministischen Communities im Netz auf Frauen und alle Geschlechter jenseits von Zweigeschlechtlichkeit, die zu ihrer Zielscheibe werden? Was lässt manche jüdischen Menschen in Deutschland heute, 75 Jahre nach der Befreiung von Auschwitz, darüber nachdenken ihre Koffer zu packen? Welche postfaschistischen und postkolonialen Kontinuitäten werden durch die Perspektiven der Betroffenen (extrem) rechter Gewalt sichtbar? Diese veränderte Aufmerksamkeit medialer und gesellschaftlicher Auseinandersetzung bietet das Potenzial neue Geschichten zu schreiben, andere Perspektiven zu hören und der bloßen Reaktionshaltung zu entkommen. Statt auf (extrem) rechte Handlungen immer nur besorgt zu *re*agieren, können somit alternative Erzählungen mehr medialen und gesellschaftlichen Raum erlangen.

Zum diskursiven Umdenken auf struktureller Ebene gehört konkrete Unterstützung und Finanzierung. Die Kürzungen und Umstrukturierungen von Geldern für Bildungsprogramme gegen Rechtsextremismus, Gewalt und Menschenfeindlichkeit wie *Demokratie leben!*, die Aberkennung der Gemeinnützigkeit von antifaschistischen und globalisierungskritischen Vereinen wie die *Vereinigung der Verfolgten des Naziregimes – Bund der Antifaschistinnen und Antifaschisten* (VVN-BdA) und *attac*, das Verbot von linken Kommunikationskanälen wie *linksunten.indymedia* sind dabei nur eine Auswahl definitiv falscher Ansätze von staatlicher Seite. Auch die viel zu vielen offenen Fragen und unaufgeklärten Fälle zu rechtem Terror (und behördlichem Versagen) lassen das oft zitierte „Nie wieder!“ zu einem hohlen Lippenbekenntnis verkommen.

Die in diesem Buch vorgestellten (extrem) rechten Diskursstrategien haben gezeigt, wie die *Bibliothek des Konservatismus* versucht, sich Einfluss zu verschaffen und gesamtgesellschaftliche Erzählungen zu verändern. Diese Versuche können nicht unabhängig von konkreten Gewalttaten oder Finanzierungsentscheidungen betrachtet werden. Sie sind ernst zu nehmen und ihnen ist überlegt entgegenzutreten: Statt hohler Lippenbekenntnisse braucht es eine kritische Aufmerksamkeit, die sich nicht von einem bürgerlich-konservativen Gewand beeindrucken oder gar besänftigen lässt. Es gilt sowohl die Differenzen innerhalb der (extremen) Rechten, als auch ihre Schulterschlüsse und Allianzen genau zu betrachten und kontinuierlich zu beobachten. Eine geschlechter- und machtkritische Perspektive muss dabei in theoretischen Überlegungen sowie praktischen Konsequenzen selbstverständlich werden.

Literatur- und Quellenverzeichnis

Abgeordnetenhaus Berlin. 2018. „Antwort auf die Schriftliche Anfrage Nr. 18/16 722 vom 11. Oktober 2018 über Bibliothek des Konservatismus als Teil der Neuen Rechten". http://pardok.parlament-berlin.de/starweb/adis/citat/VT/18/SchrAnfr/s18-16722.pdf (25. März 2020).

Antaios Verlag. 2020. „Edition Junge Freiheit". https://antaios.de/listing/index/sCategory/17 (24. März 2020).

Antidiskriminierungsstelle des Bundes. 2017. *Einstellungen gegenüber Lesben, Schwulen und Bisexuellen in Deutschland. Ergebnisse einer bevölkerungsrepräsentativen Umfrage*. http://www.antidiskriminierungsstelle.de/SharedDocs/Downloads/DE/publikationen/Umfragen/Handout_Themenjahrumfrage_2017.pdf?__blob=publicationFile&v=3 (24. März 2020).

Autor*innenkollektiv Fe.In. 2019. *Frauen*rechte und Frauen*hass Antifeminismus und die Ethnisierung von Gewalt*. Berlin: Verbrecher Verlag.

Backerra, Manfred. „Der deutsche Soldat kämpft ritterlich". http://www.deutschlandjournal.de/Deutschland_Journal_-_Sonderau/Deutschland_Journal_-_Sonderau/Manfred_Backerra_-_Der_deutsche_Soldat_kampft_ritterlich.pdf (26. März 2020).

Bagus, Philipp. 2017. „Wir schaffen das – alleine! Warum kleine Staaten einfach besser sind". https://www.youtube.com/watch?v=nkyHeiVGGWs (26. März 2020).

Bauerschmidt, Michael, Susanne Brandt, Ulli Jentsch, und Kurt Ohrowski. 1996. „Profil: Institut für Konservative Bildung und Forschung (IKBF)". *Handbuch Deutscher Rechtsextremismus*: 194f. https://www.apabiz.de/archiv/material/Profile/IKBF.htm (25. März 2020).

Bayerisches Landesamt für Statistik. 2020. „Förderstiftung Konservative Bildung und Forschung - Details". https://stiftungen.bayern.de/stiftung/4154;jsessionid=F4B8DB96F2754F5E75BE935C14B7251C (25. März 2020).

Beauvoir, Simone de. 1992. *Das andere Geschlecht. Sitte und Sexus der Frau.* Reinbek: Rowohlt.

Becker, Sven, und Ludwig Krause. 2017. „Die wollen nicht nur lesen". *DER SPIEGEL* 2017(5): 44–46. https://sven-becker.org/files/2017-04/tier0-2017-01-27-co-sp-2017-005-0044-0046-231554.pdf (25. März 2020).

Behrens, Bastian. 2014. „Ziel ist eine Denkfabrik. Gespräch mit Wolfgang Fenske über fünf Jahre Bibliotheksaufbau". *Junge Freiheit.* https://jungefreiheit.de/archiv/ (25. März 2020).

Bibliothek des Konservatismus. 2020a. „Förderstiftung Konservative Bildung und Forschung". https://www.bdk-berlin.org/stiftung/ (25. März 2020).

———. 2020b. „Studienprogramm". https://www.bdk-berlin.org/denkfabrik/studienprogramm/ (25. März 2020).

Blum, Rebekka. 2019. *Angst um die Vormachtstellung. Zum Begriff und zur Geschichte des deutschen Antifeminismus*. Hamburg: Marta Press.

Breuer, Stefan. 1990. „Die ‚Konservative Revolution' – Kritik eines Mythos". *Politische Vierteljahresschrift* 31(4): 585–607.

Collins, Patricia Hill. 2000. Black Feminist Thought *Black Feminist Thought. Knowledge, Consciousness, and the Politics of Empowerment*. 2nd Aufl. New York / London: Routledge.

Danubio, Jonathan. 2017. „Linkes Geschwafel: Wo viele Chancen, da auch viele Niederlagen". *FREITUM. konsequent freiheitlich.* http://www.freitum.de/2017/11/linkes-geschwafel-wo-viele-chancen-da.html (24. März 2020).

Diskursatlas Antifeminismus. 2020. „Gabriele Kuby". http://www.diskursatlas.de/index.php?title=Gabriele_Kuby (25. März 2020).

Domann, Valentin, und Alexander Thom. 2017. *Machtergreifung beim Mettbrötchen – Raumnahme der Neuen Rechten in Westberlin.* Berlin.

Federici, Silvia. 2013. *Calibán y la Bruja. Mujeres, cuerpo y acumulación originaria.* 2. Edition. Distrito Federal de México: Pez en el árbol Ediciones.

Fenske, Wolfgang. 2016a. „Editorial". *AGENDA. Informationsbrief der Bibliothek des Konservatismus* 2016(1): 1. https://www.bdk-berlin.org/wp-content/uploads/2016/06/BdK-Agenda_Juni2016.pdf (26. März 2020).

———. 2016b. „Editorial". *AGENDA. Informationsbrief der Bibliothek des Konservatismus* 2016(2): 1. https://www.bdk-berlin.org/wp-content/uploads/2018/08/AGENDA2.pdf (26. März 2020).

———. 2018. „Editorial". *AGENDA. Informationsbrief der Bibliothek des Konservatismus* 2018(11): 1. https://www.bdk-berlin.org/wp-content/uploads/2018/02/AGENDA-11_Onlineversion.pdf (26. März 2020).

FIPU, hrsg. 2019. *Rechtsextremismus. Band 3: Geschlechterreflektierte Perspektiven.* Wien / Berlin: Mandelbaum.

Foroutan, Naika. 2016. „Nationale Bedürfnisse und soziale Ängste". In *Die Dämonisierung der Anderen. Rassismuskritik der Gegenwart*, hrsg. María do Mar Castro Varela und Paul Mecheril. Bielefeld: transcript Verlag, 97–106.

Fritzsche, Christopher. 2019. *Geschlechtspolitische Debatten in der neurechten Wochenzeitung Junge Freiheit.* Hamburg: Marta Press.

Fromm, Anne. 2016. „Ein neuer Ton. Rechtsruck beim Magazin ‚Cicero'". *taz. Die Tageszeitung.* https://www.taz.de/!5315142/ (26. März 2020).

Fuchs, Christian, und Paul Middelhoff. 2019. *Das Netzwerk der neuen Rechten. Wer sie lenkt, wer sie finanziert und wie sie die Gesellschaft verändern.* Reinbek: Rowohlt.

Goetz, Judith. 2017. „‚Aber wir haben die wahre Natur der Geschlechter erkannt ...' Geschlechterpolitiken, Antifeminismus und Homofeindlichkeit im Denken der ‚Identitären'". In *Untergangster des Abendlandes: Ideologie und Rezeption der rechtsextremen ‚Identitären'*, hrsg. Judith Goetz, Jospeh Maria Sedlacek, und Alexander Winkler. Hamburg: Marta Press, 253–284.

———. 2019. „‚Sittliche Gefährdung samt Irreleitung des Geschlechtstriebes.' Trans*feindlichkeit und rechte Trans*personen in Österreich". In *Rechtsextremismus. Band 3: Geschlechterreflektierte Perspektiven*, hrsg. FIPU. Wien / Berlin: Mandelbaum, 123–153.

Grau, Alexander. 2018. „Hypermoral – Die neue Lust an der Empörung". https://www.youtube.com/watch?v=gzckxV02PDs (26. März 2020).

Gür-Şeker, Derya. 2019. „Exklusionsstrategien in rechtspopulistischen Reden. Eine sprachkritische Annäherung mit Fokus auf Nomination, Prädikation und Metapherngebrauch im Diskurs über Migranten". In *Sprach(kritik)kompetenz als Mittel demokratischer Willensbildung. Sprachliche In- und Exklusionsstrategien als gesellschaftliche Herausforderung*, hrsg. Jürgen Schiewe, Thomas Niehr, und Sandro M. Moraldo. Bremen: Hempen Verlag, 79–97.

Haraway, Donna. 1988. „Situated Knowledges: The Science Question in Feminism and the Privilege of Partial Perspective". *Feminist Studies* 14 (3): 575–599.

Hark, Sabine, und Paula-Irene Villa, hrsg. 2015. *Anti-Genderismus. Sexualität und Geschlecht als Schauplätze aktueller politischer Auseinandersetzungen.* Bielefeld: transcript Verlag.

Hoffmann, Karsten Dustin. 2014. „Farbangriff und Zeitzünder – Die militante Linke in Deutschland". https://www.youtube.com/watch?v=FgBVErUR74A&feature=youtu.be (26. März 2020).

Höhler, Gertrud. 2016. „Regieren ohne Opposition – Wie verwundbar ist die Demokratie?“ https://youtu.be/e4gpz9K06Lk (26. März 2020).

———. 2017. „Podiumsdiskussion: Neue Medien – neue Gesellschaft?“ https://www.youtube.com/watch?v=tndGtYYLLSE (26. März 2020).

Horn, Martin. 2018. „Demo in Charlottenburg: Protest gegen rechte Leseratten“. *taz. Die Tageszeitung*. https://taz.de/Demo-in-Charlottenburg/!5481470/ (26. März 2020).

Janich, Oliver. 2014. „Die Vereinigten Staaten von Europa“. https://www.youtube.com/watch?v=9_4f8P32pSw#t=33 (26. März 2020).

Junge Alternative Berlin. 2015. „4. Landeskongress“. http://jungealternative-berlin.de/4-landeskongress-2/ (26. März 2020).

———. 2018. „Vortrag mit Prof. Dr. Henning Zoz“. http://jungealternative-berlin.de/vortrag-mit-prof-dr-henning-zoz/ (26. März 2020).

Kablitz, Susanne. 2015. „Bis zum letzten Atemzug – Ein Plädoyer für den Liberalismus, den Kapitalismus und echtes Geld“. https://www.youtube.com/watch?v=mm5KIHscbVs (31. März 2020).

———. 2017. „Dieses Land ist unrettbar verloren“. https://susannekablitz.wordpress.com/2017/02/10/dieses-land-ist-unrettbar-verloren/ (26. März 2020).

Kämper, Gabriele. 2005. *Die männliche Nation. Politische Rhetorik der neuen intellektuellen Rechten*. Köln: Böhlau Verlag.

Kaufhold, Charlie. 2015. *In guter Gesellschaft? Geschlecht, Schuld und Abwehr in der Berichterstattung über Beate Zschäpe*. Münster: Edition Assemblage.

Kellershohn, Helmut, hrsg. 1994. *Das Plagiat. Der völkische Nationalismus der Jungen Freiheit*. Duisburg: DISS.

Kisoudis, Dimtrios. 2017. „Was nun? Vom Sozialstaat zum Ordnungsstaat". https://www.youtube.com/watch?v=_1S9lsAT6Ns (26. März 2020).

Kositza, Ellen. 2009. „Dankesrede zum Gerhard-Löwenthal-Preis 3". https://www.youtube.com/watch?v=hIJdFmNDug4 (26. März 2020).

Kotte, Hans-Hermann. 2010. „Historiker Erich Später: ‚Konzentration auf Steinbach lenkt ab'". *Frankfurter Rundschau*. http://www.fr.de/politik/historiker-erich-spaeter-konzentration-auf-steinbach-lenkt-ab-a-1052210 (26. März 2020).

Kraus, Josef. 2017. „Wie man eine Bildungsnation an die Wand fährt – Und was Eltern jetzt wissen müssen". https://www.youtube.com/watch?v=kHA6VtA5fsw (26. März 2020).

Kuby, Sophia. 2014. „Vielfalt oder Dammbruch? Die aktuelle Diskussion um Ehe und Familie in Europa". https://www.bdk-berlin.org/veranstaltungsberichte/sophia-kuby-ueber-den-streit-um-die-ehe-und-den-verlust-der-vernunft/ (29. Juni 2018).

Langer, Annette. 2013. „Treffen von Rechtspopulisten. ‚Ich habe selbst einige homosexuelle Freunde'". *Spiegel Online*. http://www.spiegel.de/panorama/gesellschaft/gegner-der-homo-ehe-compact-magazin-laedt-nach-leipzig-a-920703.html (26. März 2020).

Lehnert, Esther, und Heike Radvan. 2016. *Rechtsextreme Frauen. Analysen und Handlungsempfehlungen für Soziale Arbeit und Pädagogik*. Opladen, Berlin und Toronto: Barbara Budrich.

Lengsfeld, Vera. 2014. „1989 – Tagebuch der Friedlichen Revolution". https://www.youtube.com/watch?v=rZzcj-_GRBk (26. März 2020).

Lichfield, John. 2013. „‚I'm no homophobe – but the law on gay marriage undermines humanity': Is Béatrice Bourges of Printemps Français the most dangerous woman in France?" *Independent* (June). https://www.independent.co.uk/news/world/europe/i-m-no-homophobe-but-the-law-on-gay-marriage-undermines-humanity-is-b-atrice-bourges-of-printemps-8652847.html (24. März 2020).

Löhr, Mechthild. 2013. „Abtreibung – ein neues Menschenrecht?“ https://www.youtube.com/watch?v=LSyK52lTQ5o&feature=youtu.be (26. März 2020).

Lüskow, Fanny. 2015. „‚Renommierprojekt der Rechten‘“. *taz. Die Tageszeitung*. https://taz.de/!214145/ (24. März 2020).

Maegerle, Anton, und Daniel Hörsch. 2004. „‚Der Kampf um die Köpfe‘ hat begonnen. Vordenker, Strategen und Wegbereiter rechter Netzwerke“. In *Rechte Netzwerke - eine Gefahr*, hrsg. Stephan Braun und Daniel Hörsch. Wiesbaden: VS Verlag für Sozialwissenschaften.

Moeller van den Bruck, Arthur. 1923. *Das dritte Reich*. Berlin: Ring-Verlag.

Nagel, Tilman. 2015. „Angst vor Allah? Auseinandersetzungen mit dem Islam“. https://youtu.be/mQUzmSmxkuY (26. März 2020).

Notz, Gisela. 2015. *Kritik des Familismus. Theorie und soziale Realität eines ideologischen Gemäldes*. Stuttgart: Schmetterling Verlag.

Patzelt, Werner. 2016. „PEGIDA. Warnsignale aus Dresden“. https://youtu.be/F-uU3ciHh0c (26. März 2020).

Register zur Erfassung rechtsextremer und diskriminierender Vorfälle in Berlin. 2016. „Veranstaltung der Jungen Alternative in Charlottenburg“. https://www.berliner-register.de/vorfall/charlottenburg-wilmersdorf/veranstaltung-der-jungen-alternative-charlottenburg/5522 (26. März 2020).

Said, Edward. 2003. *Orientalism: Western Conception of the Orient*. London: Penguin Books.

Salzborn, Samuel. 2015. *Rechtsextremismus. Erscheinungsformen und Erklärungsansätze*. Bonn: Bundeszentrale für politische Bildung.

———. 2017. *Angriff der Antidemokraten. Die völkische Rebellion der Neuen Rechten*. Weinheim: Beltz Juventa.

Sanders, Eike, Kirsten Achtelik, und Ulli Jentsch. 2018. *Kulturkampf und Gewissen. Medizinethische Strategien der »Lebensschutz«-Bewegung.* Berlin: Verbrecher Verlag.

Scholdt, Günter. 2018. „Literarische Musterung: Warum wir Kohlhaas, Don Quijote und andere Klassiker neu lesen müssen". https://www.youtube.com/watch?v=sr9Dw00oBgc (26. März 2020).

Schutzbach, Franziska. 2018. *Die Rhetorik der Rechten: rechtspopulistische Diskursstrategien im Überblick.* Zürich: Xantippe Verlag.

Schwarz, Moritz. 2011. „‚Eine wunderbare Mission'". *Junge Freiheit.* https://jungefreiheit.de/service/archiv?artikel=archiv11/201148112710.htm (26. März 2020).

———. 2017. „‚Die Liebe zum Eigenen'". *Junge Freiheit* 17(37): 3.

Shooman, Yasemin. 2014. *»... weil ihre Kultur so ist«. Narrative des antimuslimischen Rassismus.* Bielefeld: transcript Verlag.

———. 2016. *Antimuslimischer Rassismus – Ursachen und Erscheinungsformen.* Düsseldorf: Informations- und Dokumentationszentrum für Antirassismusarbeit e. V. (IDA).

Speit, Andreas. 2016. „Rechtsruck der AfD. ‚Junge Freiheit' mit Liebeskummer". *taz. Die Tageszeitung.* https://www.taz.de/!5300150/ (26. März 2020).

Steinbach, Erika. 2017. „Flucht, Vertreibung, Mahnung – Menschenrechte sind nicht teilbar. Erfahrungen meines Lebens". https://www.youtube.com/watch?v=yWOCPhZ_748 (26. März 2020).

Stöss, Richard. 2010. *Rechtsextremismus im Wandel.* hrsg. Nora Langenbacher. Berlin: Friedrich-Ebert-Stiftung.

Trouble Everyday Collective. 2015. „Innen dicht, außen offen". *ak – analyse & kritik* (603): 36.

———. 2017. „Ein wenig Sicherheit im falschen Leben“. *Antifaschistisches Infoblatt* (117): 30–31.

Weede, Erich. 2015. „Sozialstaat und Massenmigration – Kulturgemeinschaften unter Druck. Ein Lockruf für Leistungsempfänger“. https://youtu.be/2XOWKWrtt2U (26. März 2020).

Weiß, Volker. 2017. *Die autoritäre Revolte. Die Neue Rechte und der Untergang des Abendlandes*. Bonn: Bundeszentrale für politische Bildung.

———. 2018. „Debatte oder Protest : Wie weiter gegen rechts ?“ *Blätter für deutsche und internationale Politik* 6: 41–44.

WELT. 2017. „W20-Frauenkonferenz: ‚Frau Merkel, sind Sie eine Feministin?‘“ https://www.youtube.com/watch?v=oQ-sV97bGIE (24. März 2020).

Wiesberg, Michael. 2014. „Michael Wiesberg zum 70. Geburtstag von Botho Strauß“. http://www.konservatismus.org/wp-content/uploads/2014/12/BdK-Berlin-Michael-Wiesberg-Botho_Strauss_Vortrag.pdf (26. März 2020).

Wodak, Ruth u. a. 1998. *Zur diskursiven Konstruktion nationaler Identität.* Frankfurt am Main: Suhrkamp Taschenbuch Verlag.

———. 2016. *Politik mit der Angst. Zur Wirkung rechtspopulistischer Diskurse*. Wien / Hamburg: Edition Konturen.

Zillmer, Arne. 2013. „Lange Nacht der Neuen Rechten?“ *ZEIT online*. https://blog.zeit.de/stoerungsmelder/2013/10/22/lange-nacht-der-neuen-rechten_14230 (24. März 2020).

Anhang

A. Übersichtstabelle der öffentlichen Veranstaltungen[25]

Datum	Veranstaltungstitel	Referent:innen	Zugang
11.03.2020	Nach der Postmoderne – Vorspiel eines Konservatismus der Zukunft	Peter Hoeres	
04.03.2020	Sozialistischer Systemwechsel oder konservative Erneuerung? – Das neue CATO-Heft 2/2020	Andreas Lombard und Ingo Langner	
26.02.2020	Der Magus in Norden – Leben und Werk Johann Georg Hamanns	Till Kinzel	online
19.02.2020	Filmpräsentation „Mythos Klimakatastrophe" und anschl. Gespräch mit Filmemacher	Marco Pino	
12.02.2020	Demnächst ohne Auto – Warum unsere Mobilität ohne eigene vier Räder nicht möglich, nicht ökologischer und nicht bezahlbar wäre	Oswald Metzger	online
05.02.2020	Mit Geld zur Weltherrschaft – Wohin der demokratische Sozialismus führt	Thorsten Polleit	online
29.01.2020	Peking sieht im Kotau der Europäer Angst, respektiert aber nur Stärke – Das Verhältnis von Taiwan zu China	Jhy-Wey Shieh	
22.01.2020	Gott kann auch anders – Und was ich sonst noch erfahren habe	Helmut Matthies	online
15.01.2020	Was ist Avantgarde-Konservatismus? Lehren aus Moderne und Hypermoderne	Marc Jongen	
08.01.2020	Wer, wenn nicht ich	Henryk M. Broder	online

[25] Die Veranstaltungen, die ich im Rahmen dieser Arbeit ausführlich analysiert habe, sind grau hinterlegt.

04.12.2019	Deutschlands innere Sicherheit – Die Herausforderung unserer Zeit	Hans-Georg Maaßen	
27.11.2019	Eine neue Grenzanlage für Deutschland? Zur Abwehr transnationaler Herausforderungen	Martin Wagener	online
22.11.2019	Kristall – Eine Reise in die Drogenwelt des 21. Jahrhunderts	Alexander Wendt	
13.11.2019	Zwischen Hysterie und Hybris – Unzeitgemäße Gedanken zur „Klima-Rettung“	Gerd Held	online
06.11.2019	30 Jahre Mauerfall – Aus dem Land der Wunder	Michael Klonovsky	online
30.10.2019	Die Lücke zwischen Individualismus und Universalismus schließen – Die Bedeutung mythischen Denkens für den Konservatismus	Thomas Bargatzky	
23.10.2019	Vom Wandel zur Stabilität – Konservative Tendenzen im Spätwerk Ralf Dahrendorfs	Rainer Waßner	online
16.10.2019	System statt Chaos – Ein Plädoyer für eine rationale Migrationspolitik	Fritz Söllner	online
09.10.2019	Der deutsche Liberalismus – Ideenwelt und Politik von den Anfängen bis zur Gegenwart	Hans Fenske	
02.10.2019	Mauerfall – 25 und eine Erinnerung an die Nacht des 9. November 1989	Matthias Bath, Alexandra Bohm, Annerose Schrapp, Siegmar Faust und Dieter Stein	
25.09.2019	Das sogenannte Gute - Über Freiheit, Staat und Moral	Peter J. Preusse	
20.09.2019	Verfassung und Lebensrecht – Der grundgesetzliche Schutz des menschlichen Lebens	Christian Hillgruber	online
11.09.2019	Nicht einmal bedingt abwehrbereit – Die Bundeswehr zwischen Elitetruppe und Reformruine	Josef Kraus und Richard Drexl	online

04.09.2019	Deutscher Herbst 2015 – Essays zur politischen Entgrenzung	Alexander Meschnig	online
29.08.2019	Wir erziehen – Zehn Grundsätze	Caroline Sommerfeld	
21.08.2019	Widerworte – Warum mit Phrasen Schluß sein muß	Alexander Kissler	
14.08.2019	Ansichten aus der Mitte Europas – Wie Sachsen die Welt sehen	Antje Hermenau	
06.08.2019	Renovatio Europae – Für einen hesperialistischen Umbau Europas	David Engels	online
03.07.2019	Deutschland wird abgehängt – Ein Lagebericht	Rainer Wendt	
26.06.2019	Widerworte – Gedanken über Deutschland	Alice Weidel	
21.06.2019	1919 – Von der Revolution zum Friedensdiktat	Karlheinz Weißmann	online
12.06.2019	Brexit – Demokratischer Aufbruch in Großbritannien	Sabine Beppler-Spahl	online
04.06.2019	Gleichheit – Das falsche Versprechen	Martin van Creveld	online
28.05.2019	Laßt uns Populisten sein – Zehn Thesen für eine neue Streitkultur	Ralf Schuler	
22.05.2019	70 Jahre Grundgesetz – Seine Entstehung, Adenauer und die Alliierten	Michael F. Feldkamp	
15.05.2019	Systemausfall: Europa, Deutschland und die AfD – Warum wir von Krise zu Krise taumeln und wie wir den Problemstau lösen	Bernd Lucke	online
08.05.2019	Rußland – Das ‚andere' Europa	Alexander Rahr	online
24.04.2019	Der Selbstmord Europas – Immigration, Identität, Islam	Douglas Murray	online
17.04.2019	Die '68er und ihre Revolte – Was Konservative daraus lernen können	Rolf Stolz	
10.04.2019	Kleines Lob der Reaktion – Warum wir von Zeit zu Zeit zurückschauen müssen	Frank Judo	online

03.04.2019	Konservativ 21.0 – Eine bürgerliche Antwort auf den Populismus	Andreas Rödder	online
28.03.2019	Feindliche Übernahme – Wie der Islam den Fortschritt behindert und die Gesellschaft bedroht	Thilo Sarrazin	online
20.03.2019	Konservativ – Warum das gut ist	Anette Schultner	
15.03.2019	Zwischen Weltflucht und Nationalbewegung – Ist die Romantik eine konservative Option?	Dušan Dostanić, Andreas Kinneging, Wolfgang Fenske (Moderation)	online
06.03.2019	»Halt bloß die Klappe!« – Als konservativer Student am Otto-Suhr-Institut	Lion Edler	
27.02.2019	Nur ein schlechter Muslim ist ein guter Muslim – Über die Unvereinbarkeit des Islam mit unserer Kultur	Laila Mirzo	online
20.02.2019	Kulturpessimismus – Ein Plädoyer	Alexander Grau	online
13.02.2019	Ist Deutschland in guter Verfassung? Institutionelle Pathologien und ihre Heilung	Markus C. Kerber	online
06.02.2019	Der Sturz der Moderne – Zur Geschichtstheologie Egon Friedells	Bernhard Viel	
31.01.2019	Der Konservative und die Rechte – Ein gespanntes Verhältnis	Karlheinz Weißmann	online
23.01.2019	Was vom Adel blieb – Eine bürgerliche Betrachtung	Jens Jessen	
09.01.2019	50 Jahre Umerziehung – Die 68er und ihre Hinterlassenschaften	Josef Kraus	online
05.12.2018	Stefan George – Dichter und Prophet	Jürgen Egyptien	online
30.11.2018	Merkel am Ende – Warum die Methode Angela Merkels nicht mehr in unsere Zeit paßt	Ferdinand Knauß	
21.11.2018	Die Wiedergutmacher – Das Nachkriegstrauma und die Flüchtlingsdebatte	Raymond Unger	online

14.11.2018	Abschied von Deutschland – Eine politische Grabschrift	Jost Bauch	
07.11.2018	Defend Europe – Eine Aktion an der Grenze	Alexander Schleyer	
31.10.2018	Die Kunst des lässigen Anstands: 27 altmodische Tugenden für heute	Alexander von Schönburg	online
24.10.2018	Die RAF hat Euch lieb – Die Bundesrepublik im Rausch von '68	Bettina Röhl	
17.10.2018	Vernunft, Rationalismus, Ordnung – Michael Oakeshotts politische Theorie	Michael Henkel	
10.10.2018	Pius XII. – Ein Papst für Deutschland, Europa und die Welt	Michael F. Feldkamp	
05.10.2018	Friedrich Georg Jünger – Die vergessene Technik-Kritik	Rainer Waßner	*Erträge 7*
26.09.2018	Flamme sein! Hans Scholl und die Weiße Rose	Robert M. Zoske	online
21.09.2018	Die Benedikt-Option – Eine Strategie für Christen in einer nachchristlichen Gesellschaft	Tobias Klein	
12.09.2018	Vom Niedergang der Demokratie – Für einen freiheitlichen Staat	Michael von Prollius	online und *Erträge 7*
05.09.2018	Selbstbehauptung – Vom Polit-Marketing zum Kulturkampf	Thor Kunkel	
29.08.2018	Die Herrschaft des Unrechts – Die Asylkrise, die Krise des Verfassungsstaates und die Rolle der Massenmedien	Ulrich Vosgerau	online
22.08.2018	Die Freiheit am Hindukusch verteidigen? 100 Jahre deutsch-afghanische Freundschaft	Albrecht Jebens	*Erträge 7*
04.07.2018	Ökologischer Konservatismus – Herbert Gruhl im totalitären Zeitalter	Volker Kempf	
27.06.2018	Die Berlin-Blockade 1948/49: Stalins Griff nach der deutschen Hauptstadt und der Freiheitskampf Berlins	Matthias Bath	

20.06.2018	Gibt es eine konservative Moderne? Auf Spurensuche mit Rudolf Borchardt	Alexander Kissler	online
13.06.2018	Was ist konservativ? Eine zeitgemäße Definition	Christean Wagner	
06.06.2018	Europa am Scheideweg – Perspektiven deutscher Außenpolitik	Peter Seidel	*Erträge 7*
30.05.2018	Kulturbruch '68? Podiumsdiskussion mit Zeitzeugen	Bettina Röhl, Cora Stephan, Jörg Friedrich, Gerd Held	online
23.05.2018	Unionsparteien vor der Wende? Zum Konservativen Manifest der WerteUnion	Alexander Mitsch	online
16.05.2018	Das andere '68 – Die Auswirkungen des Prager Frühlungs	Siegmar Faust	
09.05.2018	Opfer der Geschichtspolitik? Die deutschen Vertriebenen seit 1945	Konrad Badenheuer	*Erträge 7*
02.05.2018	Migration und Obergrenze – Anmerkungen zum deutschen Asylrecht	Rupert Scholz	
25.04.2018	Siegen – Oder vom Verlust der Selbstbehauptung	Parviz Amoghli und Alexander Meschnig	
18.04.2018	„Du sollst nicht töten!“ – Zur Ethik evangelischer Pro-Life-Arbeit	Hartmut Steeb	online
11.04.2018	Heimatlos – Bekenntnisse eines Konservativen	Ulrich Greiner	online
21.03.2018	Was ist Konservatismus? Eine Bestimmung für die Gegenwart	Werner Patzelt	online
12.03.2018	Kulturbruch '68 – Die linke Revolte und ihre Folgen	Karlheinz Weißmann	
21.02.2018	Helmut Kohl und die „Unersetzlichkeit“ im historischen Prozeß	Patrick Bahners	
07.02.2018	Die Wahrheit der unaufgeklärten Vergangenheit erinnern	Michael Wiesberg	
24.01.2018	Literarische Musterung: Warum wir Kohlhaas, Don Quijote und andere Klassiker neu lesen müssen	Günter Scholdt	online

10.01.2018	Hypermoral – Die neue Lust an der Empörung	Alexander Grau	online
13.12.2017	Selbstvergewisserung und Neubeginn – Zur christlichen Begründung des Konservatismus	Menno Aden	
29.11.2017	Konservativ sein im 21. Jahrhundert – Recht oder Pflicht?	Peter Graf Kielmansegg	online
24.11.2017	5 Jahre BdK – Podiumsdiskussion: „Neue Medien – neue Gesellschaft?“	Gertrud Höhler, Alexander Kissler, Ferdinand Knauß, Roland Tichy, Dieter Stein (Moderation)	online
08.11.2017	Wie man eine Bildungsnation an die Wand fährt – Und was Eltern jetzt wissen müssen	Josef Kraus	online
11.10.2017	Die postmodernen Eliten haben sich der Bevölkerung entfremdet. Was Europa von Trump lernen kann	Todd Huizinga	
27.09.2017	Selbstbehauptung durch Selbstbegrenzung – Der Westen und die neue Weltordnung	Heinz Theisen	
15.09.2017	Elternbindung statt Krippenplatz – Für eine Willkommenskultur für Kinder	Hanne K. Götze	
14.07.2017	Merkels Maske – Kanzlerin einer anderen Republik	Hinrich Rohbohm	
29.06.2017	Konservativ sein heute bzw. On Being Conservative. National Identity, Globalisation and the World of the Network	Roger Scruton	online
15.06.2017	Was nun? Vom Sozialstaat zum Ordnungsstaat	Dimitrios Kisoudis	online
31.05.2017	Kleinkriege – die unterschätzte Kriegsform. Warum die Zukunft von Kriegen den Guerillas, Partisanen und Hackern gehört oder Künftige Konflikte erfordern alle Einsatzoptionen	Dieter Farwick	

18.05.2017	Wir schaffen das – alleine! Warum kleine Staaten einfach besser sind	Philipp Bagus	online
11.05.2017	Konservatismus ist Gegenaufklärung und Verteidigung der europäischen Tradition (Auftakt der Reihe „Konservativ heute“)	Andreas Kinneging	
27.04.2017	Flucht, Vertreibung, Mahnung – Menschenrechte sind nicht teilbar. Erfahrungen meines Lebens	Erika Steinbach	online
20.04.2017	Prophet der Deutschen – Martin Luther für junge Leser	Karlheinz Weißmann	
06.04.2017	Wachstum über Alles?	Ferdinand Knauß	
22.03.2017	Die soziale Wärme des Kapitalismus – die soziale Kälte des Wohlfahrtsstaats	Gerd Habermann	
09.03.2017	Rettung vor der Verdammnis statt Wellness für die Seele: Luther – der Zorn Gottes	Heimo Schwilk	
09.02.2017	Kaiser Karl – Mythos und Wirklichkeit; Der anständige Kaiser von Österreich	Eva Demmerle	
26.01.2017	Zurück zu Luther. Ein entschlossener Gegner des Gutmenschentums	Norbert Bolz	online
12.01.2017	Beuteland – Die systematische Plünderung Deutschlands seit 1945; Die EU hat das Optimum ihrer Nützlichkeit überschritten	Bruno Bandulet	
01.12.2016	Unterwegs zur Weltherrschaft. Warum England den Ersten Weltkrieg auslöste und Amerika ihn gewann – Nicht schlafwandelnd, sondern bei vollem Bewußtsein	Helmut Roewer	
24.11.2016	Die eigene Zivilisation verteidigen. Europa ohne Identität? – Europäisierung oder Islamisierung	Bassam Tibi	
20.10.2016	Das Volk in EU-Fragen abstimmen lassen	Alice Weidel	

	Risiken und Chancen der aktuellen Krise der Europäischen Union		
06.10.2016	Die Niederlage der Politischen Vernunft – Wie wir die Errungenschaften der Aufklärung verspielen	Egon Flaig	online
16.09.2016	Wenn Familien demonstrieren gehen;Vorabend Marsch für das Leben	Hedwig von Beverfoerde	
09.09.2016	Rubikon – Deutschland vor der Entscheidung	Karlheinz Weißmann	
30.08.2016	Historische Existenz – Zum Tod von Ernst Nolte	Stefan Scheil	online
08.07.2016	Philosophie im Gegenlauf – Leopold Zieglers Kritik der Neuzeit	Timo Kölling	online und *Erträge 5*
23.06.2016	Helmut Schelsky – Soziologe und Anti-Soziologe	Rainer Waßner	*Erträge 5*
08.06.2016	Von Rettern und Rebellen – Ein Blick hinter die Kulissen unserer Demokratie Die Irrwege der verfehlten Griechenlandrettung	Klaus-Peter Willsch	
04.05.2016	PEGIDA. Warnsignale aus Dresden	Werner Patzelt	online
28.04.2016	Regieren ohne Opposition – Wie verwundbar ist die Demokratie?	Gertrud Höhler	online
14.04.2016	Wehrt euch, Bürger! Wie die Europäische Zentralbank unser Geld zerstört – Wenn die politische Klasse das Politische negiert	Markus C. Kerber	
31.03.2016	Die Zerstörung des Nationalstaates aus dem Geist des Multikulturalismus – Zukunft auf Widerruf?	Werner Mäder	
17.03.2016	„… wenn Gott Geschichte macht! 1989 contra 1789“ – Wer Menschenrechte sagt, muß auch Guillotine sagen	Ulrich Schacht	
25.02.2016	Ernst Jünger und wir – Der Waldgang heute. Freiheit gegen leviathanisches Gewölk	Parviz Amoghli	online und *Erträge 4*

11.02.2016	Armee im Aufbruch – Zur Gedankenwelt junger Offiziere in den Kampftruppen der Bundeswehr	Leutnant Karen Haak und Leutnant Florian Rotter	
28.01.2016	Keine Toleranz den Intoleranten. Warum der Westen seine Werte verteidigen muß	Alexander Kissler	
14.01.2016	Der Staat als Mechanismus menschlicher Weisheit – Das Konservative Denken bei Edmund Burke und Benjamin Disraeli	Heinz-Joachim Müllenbrock	*Erträge 5*
03.12.2015	Rufmord am deutschen Handeln. Manfred Backerra über den Kampf gegen den Armeniermord	Manfred Backerra	
20.11.2015	Das Jahr 1915 – Die Wende zum Kreuzzug: „Wir schaffen das!" – und am Ende stand Versailles	Jörg Friedrich	
22.10.2015	Räume der Gewalt – Ohne klare Machtverhältnisse gibt es keinen Frieden	Jörg Baberowski	
08.10.2015	Sozialstaat und Massenmigration – Kulturgemeinschaften unter Druck. Ein Lockruf für Leistungsempfänger	Erich Weede	online
19.09.2015	Perfekt, gewollt, pünktlich – Wann ist ein Kind ein Mensch? und Benedikt XVI. – Diener Gottes und der Menschen	Alexandra Maria Linder und Hartmut Constien	
10.09.2015	Bis zum letzten Atemzug – Ein Plädoyer für den Liberalismus, den Kapitalismus und echtes Geld	Susanne Kablitz	online
09.07.2015	„Meinungshoheit" als Machtfrage Thor Kunkel über konservatives Politmarketing: Riding the wave!	Thor Kunkel	
25.06.2015	Den Staat nicht aus seiner Pflicht entlassen Hartmuth Becker über das Daseinsvorsorgekonzept von Ernst Forsthoff	Hartmuth Becker	*Erträge 5*

11.06.2015	Angst vor Allah? Auseinandersetzungen mit dem Islam	Tilman Nagel	online
28.05.2015	Nicolás Gómez Dávila – Parteigänger verlorener Sachen	Till Kinzel	*Erträge 5*
11.05.2015	Putin, der Westen und die Ostukraine	Thomas Fasbender	
24.04.2015	Auf dem Weg ins Imperium – Die Krise der Europäischen Union und der Untergang der römischen Republik	David Engels	*Erträge 5*
16.04.2015	Matthias Bath über die „Neue Rechte" in West-Berlin 1965–1985	Matthias Bath	*Erträge 5*
26.03.2015	Luftkrieg gegen deutsche Städte 1942–1945	Björn Schumacher	*Erträge 7*
05.03.2015	Klaus Kelle über Medienlandschaft und Political Correctness	Klaus Kelle	
12.02.2015	Marsch ins Ungewisse – Gefangen im Syrien-Krieg	Billy Six	
29.01.2015	Verfolgte Christen weltweit – Wo Glaube und Martyrium noch immer zusammengehören	Friedhelm Appel	
11.12.2014	1989 – Tagebuch der Friedlichen Revolution	Vera Lengsfeld	online
28.11.2014	Michael Wiesberg zum 70. Geburtstag von Botho Strauß	Michael Wiesberg	Vortragsfolien und *Erträge 6*
10.11.2014	Das schwierige Verhältnis der CDU zu den Konservativen	Wolfgang Bosbach	
23.10.2014	Farbangriff und Zeitzünder – Die militante Linke in Deutschland	Karsten Dustin Hoffmann	online
09.10.2014	Die Vereinigten Staaten von Europa	Oliver Janich	online
01.09.2014	Polnische Illusionen – ein anderer Blick auf den 1. September 1939	Stefan Scheil	
18.07.2014	Hitlers rechte Gegner. Die Vielgestaltigkeit des Widerstands wahrnehmen	Claus Wolfschlag	
10.07.2014	Die Rolle der Gelehrten im Ersten Weltkrieg – Der Sieg der Zivilisation über die Barbarei	Peter Hoeres	

o. D.	Opposition der ersten Stunde – Zum 80. Todestag von Edgar Julius Jung	Karlheinz Weißmann	*Erträge 3*
05.06.2014	Ernst Jüngers Feldpostbriefe an die Familie 1915–1918	Heimo Schwilk	
20.05.2014	Für eine neue Nation – Nachdenken über Deutschland	Dieter Stein	
08.05.2014	Jargon der Weltoffenheit – Was sind unsere Werte noch wert?	Frank Böckelmann	
24.04.2014	Verhältnis der AfD zu den Konservativen – Gespräch mit A. Gauland, D. Stein und F. Krautkrämer	Alexander Gauland	
01.04.2014	Vielfalt oder Dammbruch? Die aktuelle Diskussion um Ehe und Familie in Europa	Sophia Kuby	Radiobeitrag
11.03.2014	Auswege aus einer Demokratie, die zum Totalitären neigt	Stefan Blankertz	*Erträge 1*
25.02.2014	Wie das Projekt EU Europa zerstört: Eine überzeugte Europäerin rechnet ab, moderiert von D. Stein	Barbara Rosenkranz (FPÖ)	
27.01.2014	Bild-Legenden: Fotos machen Politik – Fälschungen, Fakes, Manipulationen	Hans Becker von Sothen	
20.01.2014	Klimawandel und Energiewende: Deutscher Alleingang wider die Vernunft und das Naturgesetz	Horst-Joachim Lüdecke	
17.12.2013	Konservative Literatur – ein geschichtlicher Streifzug	Kai Hammermeister	*Erträge 1*
11.12.2013	Kirche in der Krise – Wohin treibt die EKD?	Carsten Rentzing	
23.11.2013	5. Bibliothekstagung: „Konservative und Libertäre – Brüder im Geiste oder politische Gegner?“	Karlheinz Weißmann, André F. Lichtschlag, Stefan Blankertz, Wolfgang Fenske (Moderation)	online
22.11.2013	(im Rahmen der Bibliothekstagung ohne Titel)	Béatrice Bourges (*La Manif pour tous*), anschl. Georg Pazderski	

12.11.2013	Kriminalisierung westlicher Islam-Kritik – „Unsere freiheitlich-demokratische Grundordnung ist in Gefahr“	Felix Strüning	
24.10.2013	Teilnahme an Langer Nacht der Bibliotheken		
01.10.2013	Danebrog gegen Hakenkreuz – Der Widerstand in Dänemark 1940-1945	Matthias Bath	
27.09.2013	Soldatentum – Auf der Suche nach Identität und Berufung der Bundeswehr heute	Martin Böcker und Felix Springer (Herausgeber des Sammelbandes) und Marcus Schmidt (Moderator)	
21.09.2013	Begleitveranstaltung *Marsch für das Leben*: - Karl Michael Ortmann (Beuth + CDL) zum demographischen Wandel - Manfred Libner (Geschäftsführer *Ja zum Leben*) über Kurzfilme „1000 plus – Hilfe statt Abtreibung“ - Buchvorstellung Andreas Krause Landt (Hg.): Wir sollen sterben wollen		
09.09.2013	Bundestagswahl 2013 – Wann platzt die Euro-Bombe?	Wilhelm Hankel	
15.08.2013	Konservatives Kabarett	Ludger K.	
17.06.2013	Jubiläumsvortrag anläßlich des 125. Geburtstags von Carl Schmitt	Hartmuth Becker	*Erträge 5*
30.05.2013	Jesus, der Kapitalist – Das christliche Herz der Marktwirtschaft	Robert Grözinger (Moderation: Ronald Gläser)	
06.05.2013	Identität – vom modischen Schlagwort zur politischen Konzeption	Rolf Stolz	*Erträge 1*
30.01.2013	Abtreibung – ein neues Menschenrecht?	Mechthild Löhr (CDL) und Thomas Dörflinger (CDU)	online
22.09.2012	Eröffnung Sonderbestand Lebensrecht	u.a. Manfred Libner (Geschäftsführer Stiftung „Ja zum Leben“), Harald Seubert (Prof. Philosophie, Basel)	

o. D.	Bibliothekstagung in Berlin	u.a. Karlheinz Weißmann, Wolfgang Fenske, Dieter Stein	
01.07.2011	Erste Sitzung der Stiftungsratsmitglieder in neuen Räumen	Renate Renken, Regina Freifrau von Schrenck-Notzing, Dieter Stein (Vorsitzender), Wolfgang Fenske (Bibliotheksleiter), Klaus Peter Krause und Rolf Sauerzapf	

B. Preisträger:innen des *Gerhard-Löwenthal-Preises* für Journalisten und des *Gerhard-Löwenthal-Ehrenpreises*

2019: Alexander Wendt und Vera Lengsfeld
2017: Sabatina James und Bruno Bandulet
2015: Martin Voigt und Heimo Schwilk
2013: Birgit Kelle und Karl Feldmeyer
2011: Michael Paulwitz und Ernst Nolte
2009: André F. Lichtschlag und Helmut Matthies
2008: Ellen Kositza (Realname: Ellen Kubitschek) und Peter Scholl-Latour
2007: Andreas Krause Landt (später: Andreas Lombard) und Wolf Jobst Siedler
2006: Thomas Paulwitz und Elisabeth Noelle-Neumann
2005: Stefan Scheil und Caspar Freiherr von Schrenck-Notzing
2004: Thorsten Hinz und Herbert Fleissner

C. Inhaltsverzeichnisse der Schriftenreihe *Erträge*

Band 7 (2018)

Michael von Prollius: *Vom Niedergang der Demokratie – für einen freiheitlichen Staat*

Konrad Badenheuer: *Die Vertriebenen als Opfer deutscher Geschichtspolitik*

Albrecht Jebens: *Unsere Sicherheit am Hindukusch verteidigen? 100 Jahre deutsch-afghanische Freundschaft*

Peter Seidel: *Europa am Scheideweg. Perspektiven deutscher Außenpolitik*

Björn Schumacher: *Der Luftkrieg als Tribunal. Alliiertes Morale Bombing 1942–1945*

Rainer Waßner: *Die vergessene Technikkritik – Friedrich Georg Jüngers Perfektion der Technik*

Band 6 (2018)

Michael Wiesberg: *Erinnerung als Dichterpflicht – 25 Jahre „Anschwellender Bocksgesang" von Botho Strauß*

Band 5 (2017)

Matthias Bath: *Die »Neue Rechte« in West-Berlin 1965 bis 1985*

Hartmuth Becker: *Konservative Staatspraxis: Ernst Forsthoffs Daseinsvorsorgekonzept*

Hartmuth Becker: *Carl Schmitts Begriff des Politischen. Eine Zwischenbemerkung*

David Engels: *The European Union and the Decline of the West, or: Determinism and Determination*

Klaus Hornung: *Freiheit oder Despotismus – Wohin treiben Deutschland und Europa?*

Till Kinzel: *Nicolás Gómez Dávila – Aphorismen als Einspruch gegen die Moderne*

Timo Kölling: *Philosophie im Gegenlauf: Leopold Zieglers Kritik der Neuzeit*

Heinz-Joachim Müllenbrock: *Erbe und Auftrag – Konservatives Denken bei Burke und Disraeli*

Rainer Waßner: *Helmut Schelsky – Soziologe und Anti-Soziologe*

Band 4 (2016)

Parviz Amoghli: *Schaum der Zeit – Ernst Jüngers* Waldgang *heute*

Band 3 (2015)

Karlheinz Weißmann: *Edgar J. Jung – Zur politischen Biographie eines konservativen Revolutionärs*

Band 2 (2015)

Nils Wegner: *Die deutsche Geschichte geht weiter... Die Brüder Marcel und Robert Hepp und ihr politischer Weg in den 1950er und 1960er Jahren*

Band 1 (2014)

Alexander Demandt: *Oswald Spengler, ein konservativer Denker?*

Konrad Adam: *Klassenkampf*

Rolf Stolz: *Identität – vom modischen Schlagwort zur politischen Konzeption*

Kai Hammermeister: *Was ist konservative Literatur?*

Stefan Blankertz: *Totalitäre Demokratie und ihre Alternativen*

Danksagung

Dieses Buch ist das Produkt eines langjährigen Prozesses, bei dem mich verschiedene Personen mit langen Diskussionen, kritischen bis zerreißenden Anmerkungen, Widerspruch, Zuspruch und Wertschätzung begleitet haben. Danken möchte ich an dieser Stelle allen Wissenschaftler:innen und Aktivist:innen, auf die ich mich positiv – sichtbar oder unsichtbar – beziehe, die mein Denken mit neuen Ideen und Perspektiven bereichert haben. Mein Dank gilt außerdem all denjenigen, die mich bei meiner Masterarbeit auf vielfältige Weise unterstützt haben – ohne Euch würde es dieses Buch nicht geben!

So ein Buchprojekt ist auch von Unsicherheiten, Zögern und Zaudern geprägt – für aufmunternde Worte und mitfühlendes Zuhören, für Ablenkungen und Umarmungen, für die immense Geduld nicht nur mit meinem Text, sondern auch und vor allem mit mir, danke ich von Herzen meinen Liebsten und Friends. Besonders Laura und jos, Fabi, Hana* und Clau waren dabei eine super Unterstützung. Danke auch an MC Carol für ihre Musik und somit morgendliche Motivation. Mein Dank gilt ebenfalls den smarten Leser:innen und Lektor:innen, die mir inhaltlich und sprachlich geholfen haben, aus Textfetzen ein Buch zu nähen: Eike Sanders, Franzi, Mona Motakef, Lise, Fabi und jos. Letzte Löcher konnte ich dank Laura, Patrick Schwarz, Julia und Leo stopfen.

Ich bedanke mich bei allen Teilnehmenden des Colloquiums vom *Lehrbereich für Soziologie der Arbeit und Geschlechterverhältnisse* der *Humboldt-Universität zu Berlin* – ihr habt nicht nur die Entstehung meiner Masterarbeit, sondern auch das Werden dieses Buches kritisch und zuversichtlich begleitet. Dem *Antifaschistischen Pressearchiv und Bildungszentrum (apabiz)*, der *Mobilen Beratung gegen Rechtsextremismus Berlin* und dem *Register zur Erfassung rechtsextremer und diskriminierender Vorfälle in Berlin* danke ich für den Support – wie gut, dass es Euch gibt! Schließlich bedanke ich mich für das konstruktive Lektorat und die umfangreiche Unterstützung zur Realisierung dieses Buches beim Verlag *Marta Press* und bei der Verlegerin Jana Reich.

Lilian Hümmler, November 2020

Register

Christopher Fritzsche: Geschlechtspolitische Debatten in der neurechten Wochenzeitung *Junge Freiheit*

Marta Press 2019, 192 Seiten, ISBN: 978-3-944442-89-1
24,00 € (D), 26,00 € (AT), 28,00 CHF UVP (CH)